ヤバい集中力《しゅうちゅうりょく》

1日ブッ通しで
アタマが冴えわたる
神ライフハック45

AWESOME FOCUS

鈴《すず》木《き》 祐《ゆう》
YU SUZUKI

SB Creative

はじめに

「集中力がない人間」として、歴史上で初めて名前を残したのは古代ギリシアのペルセスだと言われます。

有名な詩人ヘシオドスの兄弟として生まれた彼は、生まれつき集中力が続かない性格として知られ、農業をせずに遊興にふける生活を送っていました。

これに業を煮やしたヘシオドスは、ペルセスに「今日できる仕事を明日に延ばしてはならない。仕事に集中しない者はつねに破滅の中にいる」といった内容の詩を送りつけたのです。

ヘシオドスの説教はまさに正論ですが、ついペルセスに共感してしまう人も少なくないでしょう。

「締め切りが近いのに、だらだらと仕事を先延ばししてしまう……」

「勉強をしようと思ったらゲームで遊んでしまった……」

「やる気になったと思った5分後にはネットを見続けていた……」

現代人の多くが抱える悩みは、本質的に紀元前700年の古代ギリシアとまったく同じ。「いかに気を散らさずに目の前の作業に取り組むか？」という問題に、人類は延々と悩み続けてきました。

集中力が人生において不可欠な能力であることは、いまさら言うまでもありません。気を散らさずに大事な作業だけに取り組めれば、いまより確実に大きな成果を上げられるはず。仕事も勉強もさっさとこなして、空いた時間を好きな趣味に回すこともできるでしょう。

事実、近年では「集中力が人生の成功を左右する」との研究データが増えています。

2016年、計量経済学の大家であるジェームズ・ヘックマンが、「人生の成功に必要な要素とはなにか？」という疑問について調査しました。イギリスやアメリカで生まれた数万人の子供たちにIQと性格テストを行ったあと、数十年後に全員の収入や健康状態を再チェックしたのです。

分析の結果わかったのは、次の事実でした。

・人生の成功にもっとも必要なのは、頭の良さではなく「誠実性」である

ここでいう「誠実性」とは、目先の欲望に負けずに大事なことにコツコツ取り組める能力を意味します。すなわち、集中力です。

「頭の良さ」もそれなりの相関を見せましたが、集中力の重要性には遠く及びません。IQよりも集中力が高い人のほうが収入が多く、体を壊す確率も低く、なによりもメンタルを病まずに幸福に暮らす傾向が格段に強かったのです。まさに集中力こそは、現代における最重要スキルと言えるでしょう。

それでは、集中力を上げるにはどうすればいいのでしょうか？　世間でよく見かけるのは次のようなアドバイスです。

- **タスク管理を徹底化する**
- **気の散らない環境を整える**

・フローやゾーンに入る方法を考える

当然ながら、これらの方法にはそれぞれ効果があります。それぞれ世評の高いテクニックであり、実践すればなにがしかの変化は実感できるでしょう。

が、これらの戦略が難しいのは、ともすれば対症療法に終わりやすい点です。がんばって集中力アップに取り組んだはいいものの、パフォーマンスが上がったのは最初のころだけで、ほどなく昔と同じような仕事の先延ばしが始まるケースがとても多いのです。

同じような悩みを抱えた人は多いのでしょう。筆者のブログにも、

「いったんは集中力が上がったが、すぐもとにもどってしまう」
「最終的には、やはり目先の欲望に負けてしまう」

といった相談メールがひんぱんに届きます。果たして、この問題にはどう対処すべきなのでしょうか？

ここでもっとも大事なのは、「そもそも集中力とは何か？」という問題を深掘りすることです。まずは「集中力」という得体の知れない能力の正体を見極めなければ、そのパワーを使いこなすことはできません。

「集中力の意味ぐらいわかっている」と思われるかもしれませんが、たとえばあなたは次の質問に即答できるでしょうか？

- **どうして人類は数千年も集中力の欠如に悩んできたのか？**
- **それほど大事な能力なのに、なぜ人類は集中力を進化させなかったのか？**
- **ゲームやスマホには発揮できる集中力を、仕事には使えないのはなぜか？**
- **一流のアスリートが独自のルーティンで集中力を高められるのはなぜか？**

このようなポイントを把握しておかねば、どんな小手先のテクニックを使おうが効果は上がりません。集中力が生まれる基本的なシステムがわかっていないせいで、状況の変化に応じてテクニックを利用できないからです。数学の公式を大量に覚えたところで、その意味を正しく理解していなければ応用が利かないのと同じです。

そこで本書では、まず集中力の正体を見極めるべく、人間の心の基本的なシステムから説き起こします。あなたの心を動かすメカニズムはどのようなものか？　そのメカニズムが集中力の増減とどう関わっているのか？　このような根本の知識を押さえたうえで、現代の科学が実証した最良のテクニックを紹介していきます。

そのベースとして使ったのは、ここ数年に発表された脳科学や心理学、栄養学にもとづく数千件を超える研究論文です。いずれも信頼度が高いデータを厳選したのにくわえ、米国とアジア太平洋の主要な心理学者や栄養学者など約40人に行ったインタビューをもとに構成しています。

当然ながら、これらの作業をこなすにあたっては、本書で取り上げる集中力アップのテクニックが大いに役立ちました。

というのも、私はサイエンスライターとして本を書くかたわら、企業のコンサルティングやリサーチ、ブロマガの執筆などを行なっているため、1日に平均で15本の論文と3冊の本を読むと同時に、2万〜4万字の原稿を毎日のように生産し続けねばならないからです。いちいち目先の欲望に負けていては商売が成り立たず、本書が無事に完成したのも集中力の根本的な理解が深まったおかげです。

もちろん、本書を最後まで読み通せば、誰でも似たようなレベルの集中力はゲットできます。

もしあなたに仕事の先延ばし癖があったとしても、その原因は怠け者だからでも才能がないからでもありません。ただ人間の心のメカニズムを理解していないだけで、どんな人のなかにも「ヤバい集中力」は眠っているからです。

本当に必要なのは、ヒトの心のしくみを知り、その正確な運用法を学ぶことだけ。いったんこの知識が身につけば、どんなトラブルが起きても、あなたは集中力を高いレベルで維持し続けられるはずです。

では、はじめましょう。

ヤバい集中力　もくじ

第1章

餌を与える

～脳の馬力を高めるサプリと食事法～

第2章

報酬の予感

～脳内ホルモンを操る目標設定の奥義～

第3章 儀式を行う
～毎回のルーティンで超速集中モード～

第4章

物語を編む

～セルフイメージを書き換えて「やる」人間になる～

第5章

自己を観る
～マインドフルネスで静かな集中を取り戻す～

第6章

諦めて、休む

〜疲労とストレスを癒すリセット法〜

序章

Chapter 0

獣と調教師

～ポテンシャルを
400%引き出すフレームワーク～

1

一般人の4倍の生産性を持つハイパフォーマーはなにが違うのか？

天才ですら克服できない集中力の問題

思えば人類の歴史とは、注意散漫との戦いの歴史でもありました。４０００年前にペルシャで生まれたゾロアスター教には、すでに「人類に注意散漫と倦怠を引き起こす能力を持った悪魔」が登場しますし、３４００年前のエジプトで書かれた古文書にも「頼むから集中して仕事を終わらせてくれ！」との記述が登場するほどです。

さらに、過去の天才たちも注意散漫には大いに苦しみました。

「万能の人」と呼ばれたレオナルド・ダ・ヴィンチは、生涯で1万ページ以上の手稿を残したことで知られますが、実際に完成までこぎつけた作品の総数は20を超えません。

その仕事ぶりは注意散漫のひとことで、少し絵を描き進めたかと思えば、すぐ手近のノートに無関係な落書きを始め、また我に返っては絵筆を握りなおすのが普通でした。おかげで作業は遅れに遅れ、あの「モナリザ」などは完成にまで16年を要したほどです。

ほかにも集中力の問題に悩んだ偉人は多く、小説の執筆中に何度も恋人の手紙に気を取られ、ほとんどの作品を完成させられなかったフランツ・カフカ。電話のベルに集中を乱され続け、「あの音が脳の中身を食い尽くす」と日記に記した文豪ヴァージニア・ウルフ。集中力に苦しんだ天才のエピソードは数えきれません。

しかし、その一方で、どの世界にも「ハイパフォーマー」と呼ばれる人物がいるのも事実でしょう。高い集中力をコンスタントに維持し、人よりも膨大な量のアウトプットをし続ける、その道のトップランナーのことです。

たとえば、生涯におよそ1万3500点の油絵と素描を制作したパブロ・ピカソ、1500本以上もの論文を発表した数学者ポール・エルデシュ、1093件の特許を取得したトーマス・エジソンなどが代表的な例です。

そこまでの偉人でなくとも、誰でも身近なハイパフォーマーの存在に、ひとりぐらいは心当たりがあるでしょう。スター扱いをされるような人物です。

集中力は才能だけでは決まらない！

２０１２年、インディアナ大学が63万人を対象に、過去最大のハイパフォーマー研究を行いました。起業家、アスリート、政治家、アーティストといった職業を調べ、生産性が異常に高い人たちの特徴をあぶり出したのです（１）。

その結果わかったのは、**ハイパフォーマーたちが、つねに一般人より４００％を超す生産性を上げているという事実です。**

ＯＥＣＤの調査によれば平均的な日本人の時間当たりの労働生産性は約５０００円なので、ハイパフォーマーたちは１時間ごとに２万円の付加価値を生む計算です。日本人の年間の労働時間をあわせて換算すれば、１年で約３０００万円もの差になります。

先のインディアナ大学研究でも、ハイパフォーマーが生み出す業績の量は、各企業が生み出す利益の26％を占めると試算されています。社員が20人で年商１億の会社にたとえれば、ハイパフォーマーひとりで２６００万円を儲けてしまい、残りの19人で３９０万円ずつを稼ぐようなイメージです。

果たして、ハイパフォーマーたちは何が違うのでしょう？　彼らはいかに高い集中力をキープし続け、常人の4倍にもおよぶ成果をあげているのでしょうか？

当然、生まれつきの才能は大きな理由のひとつです。

私たちの生産性が遺伝に左右されるのは有名な話で、4万人を対象にしたミシガン州立大学のメタ分析（複数の分析をさらにまとめた信頼度が極めて高い分析）でも、**仕事への意欲や集中力は、生まれつきの性格によって約50％は説明できるとの結果が出ました**(2)。人間の集中力が、かなりのところまで才能で決まるのは確実です。

思わずやる気がなくなりそうなデータですが、まだ気落ちしないでください。遺伝で決まってしまう集中力はあくまで全体の半分に過ぎず、残りの半分は後からでも修正が効く〝ある要素〟で構成されているからです。

多くのハイパフォーマー研究によれば、生産性が高い人たちは、多かれ少なかれ無意識のうちに似たようなポイントを押さえており、そのおかげで高い集中力を発揮できていることがわかっています。つまり、いまからでも十分にやり直しは利くわけです。

その〝ある要素〟を、本書では「獣と調教師」と呼びます。

2 集中力の問題を一挙に解決するフレームワーク

獣＝本能、調教師＝理性

「獣と調教師」とは、「人間の心は2つに分かれている」という事実を比喩（メタファー）で表したものです。

この発想自体は、目新しいものではないでしょう。私たちの心がひとつに統合された存在でないことは、古くから知られていました。

キリスト教の天使と悪魔が代表的な例です。人類を堕落に誘う悪魔に対し、節度を重んじる天使が戦いを挑むシチュエーションは、もはやベタすぎてコントでも使われません。人間の分裂した心を描いた定番の表現です。

17世紀においては、啓蒙思想家たちが人間の心の働きを「理性」と「衝動」の相克としてとらえ、合理的な生き方こそが真実だと考えたのはご存じのとおり。同時期には経済学の父アダム・スミスが人間は「共感」と「公平な観察者」という2つの人格を持つと主張し、より近代では、フロイトが「イド」と「超自我」の葛藤を軸に精神の病を描写しました。まだ科学的なメソッドが確立していなかった時代でも、碩学《せきがく》の目にはすでに「分裂した心」の存在があきらかだったわけです。

幸いにも現代ではより精密な「分裂した心」の研究が進みました。

なかでも説得力のある証拠を出したのは、1980年代に発展した脳科学の分野でしょう。多くの研究者が脳スキャンをくり返し、人間の頭のなかでは前頭前皮質《ぜんとうぜんひしつ》と辺縁系《へんえんけい》と呼ばれるエリアが主張をぶつけ合い、肉体の支配権をめぐってつねに戦いを繰り広げている事実をあきらかにしたのです。

前頭前皮質は人類の進化においては後のほうで誕生したシステムで、複雑な計算や問題解決が得意。一方の辺縁系は進化の初期にできたエリアで、食事やセックスなどの本能的な欲望をコントロールします。

たとえば、あなたが「仕事をすべきだが酒を飲みに行きたい」と悩んでいるときに「仕事をしよう」と主張するのは前頭前皮質の役割で、辺縁系はひたすら「酒だ！」と駄々をこね続けます。「貯金が必要だが旅行に行きたい」といった状況なら、前頭前皮質が「貯金派」で辺縁系は「旅行派」です。

現在、この考え方は様々な学問の分野で使われており、心理学では「ヒューリスティックス」と「分析的思考」、行動経済学では「システム1」と「システム2」などの区分けがなされます。ニュアンスに微妙な違いはありますが、どちらもヒトの心を2つに分けた点は変わりません。

本書で使う「獣と調教師」も、この流れに沿ったものです。

ここまでの説明に準じれば、**獣は「衝動」や「辺縁系」に当たり、調教師は「理性」と「前頭前皮質」に相当します。**本能のまま好きに動く獣を、調教師がどうにかして操ろうとするような、そんなイメージです。

「集中力」という能力は存在しない？

すでに多くの表現があるにもかかわらず、わざわざ「獣と調教師」と呼び直したのは、人間の集中力について考えるには、従来の言葉では足りないからです。

この点を明確にするために、あなたが勉強に集中して取り組まねばならないときのことを考えてみましょう。ごくありふれた場面ですが、ここでハイパフォーマー並みの集中力を発揮するには、あらゆる能力が要求されます。

最初の関門は、勉強に取りかかる前の段階から訪れます。たとえば、次のような状況はどうでしょうか。

テキストを開いたがどうにもやる気が出ず、とりあえずメールをチェックし始めたら30分が過ぎてしまった……。

目の前のタスクに気が乗らず、そもそも作業のスタートラインにすら立てない状態は、誰にでもおなじみでしょう。

このステップで必要なのは、**「自己効力感」**と**「モチベーション管理能力」**の2つです。

自己効力感とは、「自分は難しいことでもやり遂げられるのだ」と自然に思える心理状態のこと。この感覚がないと簡単な作業でも難しく感じられてしまい、はじめの一歩をふみ出せなくなります。

もうひとつのモチベーション管理能力については説明不要でしょう。気が乗らないタスクに取りかかるためには、どうにかしてやる気を引き出して、気持ちを高めていく作業が欠かせません。

が、これらの障害をクリアできたとしても、次なる試練があなたを襲います。

ここで問題になるのは**「注意の持続力」**です。テキストにひたすら意識を向け続ける能力のことで、専門的には「アテンション・コントロール」と呼ばれます。

注意の持続力は人によって異なりますが、成人の限界は平均でたった20分だけ（3）。いったんはうまく集中モードに入ったとしても、必ず20分前後で注意は切れてしまうものなのです。この活動限界を伸ばすのは難しく、基本的には脳を効率よく使うスキルを学ぶしかありません。

さらに、最大の関門が誘惑です。ふとした瞬間に手近な欲望が頭をもたげ、スマホの通知、買ったばかりのゲーム、冷蔵庫のお菓子などへ意識がそれてしまうのはよく見る光景でしょう。

しかし、集中力を削ぐのは外部の誘惑だけではありません。あなたの脳は、内面の記憶によっても簡単に意識をそらされてしまいます。

たとえば、勉強中に「チンギス・ハンが１２１１年に遠征を開始した」との文章を読んだとしましょう。すると、あなたの脳は、その直後から「チンギス・ハン」から連想される記憶をいくつも呼び起こそうとします。

それが「フビライ・ハン」や「元寇」などの勉強と関わる内容ならマシですが、人によっては「こないだ食べたジンギスカン鍋はうまかった」のように無関係な記憶が現れるケースも珍しくありません。

いったんジンギスカンの記憶に取りつかれれば、そこから脳はさらなる連想をスタート。「他に美味い店を探してみよう」や「自宅でできるレシピはないか？」などと暴走を始め、あなたの集中力は崩壊します。

この段階で必要なのは、**「セルフコントロール能力」**です。無意識でうごめく無数の記憶に立ち向かうには、自己を律し続ける能力が必須でしょう。

つまるところ、私たちが日常的に「集中力」と呼ぶ能力は、いくつものスキルがからみあったものです。

作業の手前では自己効力感とモチベーション管理能力を必要とされ、いざ取りかかったあとには注意の持続力が欠かせず、タスクの完了には絶え間ないセルフコントロール能力まで要求される――。

その複雑なプロセスを、多くの人はなんとなく特定の力としてとらえているにすぎません。要するに、「集中力」という単一の能力は存在しないわけです。

そのため、「集中力」を深く考えるには、よりトータルな枠組みを求められます。特定の学問ジャンルによる定義から漏れてしまう要素をすくいあげ、複数の能力を組み込めるような話の土台が必要なのです。

「獣と調教師」のメタファーは、そんな土台に相当します。いわば「集中力」の正体を大きくつかむための思考のフレームワークです。

3 「獣」は単純で過敏だが、超絶パワーを発揮する！

第1の特性「難しいものを嫌う」

私たちのなかに潜む「獣」とは、いかなる存在なのでしょうか？　いったいどのような力を持ち、それが集中力とどう関わってくるのでしょうか？　まずは獣の生態を観察してみましょう。

あなたの内なる獣は、大きく3つの特性を持ちます。

①難しいものを嫌う
②あらゆる刺激に反応する
③パワーが強い

ひとつめは、「難しいものを嫌う」です。獣はできるだけ具体的でわかりやすい対象を好み、抽象的で解読が難しいものを避けようとします。

獣がわかりやすさを好む例としては、人の名前に関する研究が有名です（4）。このなかで研究チームは、数百人の学生に大量の人名リストをわたして「どの人物が好ましいと思うか？」と質問。顔やファッションとは無関係に、たんに名前だけで人間の好みが変わるかどうかを調べました。

その結果は明確でした。学生たちの好みは「名前の読みにくさ」と相関しており、

Vougiouklakis（ヴギウクラキス）のように発音が難しい名前の候補者は、Sherman（シャーマン）のように簡単な候補者より嫌われやすかったのです。

また別のテストでは、読みにくい名前を持つ者ほど非行に走りやすく、読みやすい名前の人は社会的に成功しやすいとの報告まで出ています（5）。かように私たちはわかりやすさに飛びつき、名前の読みにくさだけでも好き嫌いを決めてしまう生き物なのです。

獣が難しさを嫌うのは、エネルギーの浪費をふせぐためです。

私たちの祖先が進化した原始の世界においては、貴重なエネルギーをいかに効率よく使うかが生死を分けました。なにも食物が見つからずに飢えそうなとき、急に猛獣に襲われたとき、伝染病にかかって快癒を待たねばならないときなど、いざという場面でエネルギーが残されていなかったら人類は確実に死に絶えたでしょう。

そこで進化の圧力は、私たちに可能な限りエネルギーを保存するように働きかけました。身体のエネルギーを無闇に使わないのはもちろん、頭を酷使する作業に対しても脳がカロリーをできるだけセーブするように、わかりにくいものを反射的に遠ざけるプログラムを実装させたのです。

このプログラムが、集中力に多大なダメージをおよぼすのは当然でしょう。

複雑化した現代では日常のタスクが日ごとに高度化し、あなたの認知には大きな負荷がかかり続けています。それなのに、人類の基本プログラムは難しい作業を嫌うように働くのだから、目の前の仕事に集中して取り組めるはずもありません。

第2の特性「あらゆる刺激に反応する」

獣のふたつめの特性は、「あらゆる刺激に反応する」です。

ヒトの脳が誘惑に弱いのは先述のとおりですが、獣の気をそらす要素は、お菓子やスマホといった身近な要因だけにとどまりません。

私たちは気づかぬうちに無数の小さな刺激にさらされており、ある推計によれば、1秒のあいだに脳が受け取る情報の量は1100万件を超えます（6）。遠くからかすかに聞こえる車のエンジン音、モニタのドット欠け、2時間前に来た非通知電話の記憶、不愉快な腰の痛みなどなど、人間の頭はつねに膨大な数の情報を浴び続けているのです。

これらの刺激は、目の前のタスクに集中できているあいだは問題になりませんが、ふと注意がそれた瞬間に無意識下から獣の注意を引きます。それまで勉強に没頭していたのに、急に頭のかゆみが気になったり、なぜかいきなり明日の作業が不安でしかたがなくなったりと、獣がどのような反応を返すかは予想がつきません。この状態から集中し直すのはかなりの難事です。

このような問題が起きるのは、**獣は情報の並列処理が大の得意だからです。獣のデータ処理力がなければ、人間はまともに生活できません。**

一例として、街中で知り合いに出くわしたケースを考えてみましょう。

このとき獣は、まず表情の認識プログラムを起動させて、顔立ちや声などの情報から目の前の人物が何者かを判断。続けざまに検索プログラムを使い始め、この人と過去にどのような会話をしたのか、この人がどんなキャラクターだったかなどの過去データをサーチし続けます。

なんとも驚嘆すべき能力で、もしすべての情報を意識的に処理していたら、会話が始まるまでに夜が明けてしまうでしょう。獣の能力とは、複数のCPUを備えたコンピュータさながらです。

ところが、この能力は「集中力」にとっては大きなデメリットももたらします。獣のパワーは原始の環境に最適化されているため、食べ物、セックス、暴力といった肉体的な刺激にめっぽう弱いからです。

原始の環境では、できるだけ大量の食べ物を手に入れ、パートナーと子孫を残し、病気や怪我のリスクを防げる者ほど適応したのは言うまでもありません。そこで獣は、視覚、嗅覚、聴覚、触覚、味覚などの五感に訴えるものに対して、優先して意識を向けるように進化しました。

そのため、いかにあなたが集中していようが、気になる人や好きなお菓子のことが頭をよぎればひとたまりもありません。600万年をかけて磨き上げられてきた生存プログラムが自動的に立ち上がり、瞬時に意識のスイッチを切り替えてしまうのです。

第3の特性「パワーが強い」

獣の最後の特性は、「パワーが強い」です。

くり返しになりますが、**獣は秒間1100万もの情報を処理し、瞬時にあなたの体を乗っ取るパワーを持ちます。** そのスピードは驚くほど速く、たとえば美味しそうな料理の写真を見たあとで、食欲を起動させて意識をハイジャックするまでの時間はほんの1

00分の1秒です。ここまで反射神経がすばやいと、意識的に獣の活動を抑えることはほぼ不可能と言えます。

獣にハイジャックされた人間がどのような行動を取るかは、10代の若者を見ればわかりやすいでしょう。未成年なのに喫煙をくり返したり、なぜか校舎の上から飛び降りて見せたり、無闇に異性を口説き回ったり……。

思春期の脳は、まず筋肉の動きをつかさどる小脳から変化を始め、快楽システムに関わる側坐核などが育った後、ようやく前頭前野が成熟にいたります。おかげで10代の脳はまだ獣の強い支配下にあり、はた目にはバカとしか思えない行動を取りやすくなるのです。10代の時期は性ホルモンの分泌も高まるため始末におえません。アクセルだけあってブレーキがない車のようなものです。

もっとも、たとえ前頭前野が成熟したとて安心できないのもわかりきった話でしょう。いかに大人だろうが酒を飲めばすぐに理性は飛びますし、過去にはカトリック教会が「内なる欲望をコントロールせよ!」と説いたものの、最終的には多くのキリスト教国が暴力と戦争に明け暮れたのも周知の事実です。

それもそのはずで、人類の祖先がサルから分岐したのが約600万年前なのに対し、ホモ・サピエンスが抽象的な思考を獲得したのはほんの20万年前のこと。つまり、人類史のおよそ96・7%の時間において、ヒトは獣のコントロール下にあったわけです。そのあいだ、獣は膨大な時を費やして力を蓄えてきました。

いったん獣に乗っ取られれば、私たちはなにもできません。獣に操られているときの人間は、理性を失ったあやつり人形も同然です。

4

「調教師」は論理的。大飯食らいの割に、力がショボい……

第1の特性「論理性を武器に戦う」

かくも強大なパワーを持つ獣に対して、進化の圧力は調教師にいかなる力を与えたのでしょうか？　今度は調教師の生態を見てみましょう。

調教師は、おおよそ獣と合わせ鏡のような特性を持っています。

①論理性を武器に使う
②エネルギー消費量が多い
③パワーが弱い

第一に、調教師は「論理性」を武器に使います。激しく暴れる獣を食い止めるべく、合理的な思考で立ち向かうのです。

たとえば、勉強に集中しているときに、ふと冷蔵庫のケーキが気になったとしましょう。あなたのなかでは獣が「すぐにケーキを口にせよ！」と指示を出し、いまにも集中力は崩壊寸前です。

と、ここで調教師は、合理的な反論を作り上げて獣の暴走を抑えようとします。

「ここで食べたら太るから後悔するぞ！」

「いったん集中が乱れたら来週のテストがヤバいことになる！」

とっさに正論を組み立てて、どうにか獣の注意を引き戻そうと試みるのです。

しかし、原始のスピードとパワーを備えた獣の前で、調教師は圧倒的に不利な立場にあります。先にも見たとおり獣は情報を並列処理するのに対して、**調教師はデータの直列処理しかできないからです。**

「冷蔵庫に美味そうなケーキがある」という情報を受け取った場合、まず調教師は「もしケーキを食べたらどうなる?」と問いを立て、いったん「太る可能性が高くなる」との答えを出力します。すると、続いて調教師は「太ったらどうなる?」と考え始め、最終的に「他人の目が気になる」や「恥ずかしい思いをする」などの結論を導き出すのです。

このように、ひとつの情報を順々に考えていくのが直列処理の大きな特徴です。PCのハードウェアにたとえれば、獣のCPUがマルチコアなら調教師はシングルコア。そのぶん調教師の反応はどうしても遅くなってしまいます。

とはいえ、直列処理にも相応のメリットがあります。

獣は同時に大量の情報を処理できますが、一方では複数のデータを相互につなげられません。「ケーキがある」と思ったとたんに「食べよう!」と出力を返すことはできても、「ここで勉強を止めたらどうなる?」や「体型に与える影響は?」といった違う情報を組み合わせて、筋のとおったストーリーを生み出すのが苦手なのです。

いきおい獣の反応は近視眼的にならざるを得ず、あなたを間違った道に誘い込みます。貯金が必要なのに旅行に行ったり、勉強に集中するのが正しいのに遊んでしまったりと、これらの非合理な行動は直列処理ができない獣の生態によるものです。

第2の特性「エネルギー消費量が多い」

「エネルギー消費量が多い」のも、調教師の重要な特性です。獣の働きは低コストでほとんど思考力に負担をかけないのに、調教師は脳のシステムに多大な負荷を与え、そのぶんだけより多くのエネルギーを使います。

当然でしょう。獣はただ目の前の欲望に飛びつけばいいのに対し、調教師は複数の情報についてあれこれと思いをめぐらす必要があります。それだけ労力がかかるのは当たり前のことです。

このとき、**調教師の働きは脳のワーキングメモリに大きく依存します。**

ワーキングメモリとは、ごく短期的な記憶を頭のなかに保つ脳の機能で、処理した情報の中間結果を一時的に置くために使われます。つまりは脳内のメモ帳のようなもので、長い会話をしたいときや、買い物リストを覚えておきたい場面、暗算をしたい状況などでは欠かせません。

入ってきた情報を直列処理するには、このワーキングメモリを駆使する必要があります。「冷蔵庫にケーキがある」という情報から、「食べたら太る→太るのは嫌だ→我慢しよう」といった思考の流れを生み出すには、短時間のあいだに複数の情報を一時的に保存し、中間処理の結果をもとに最終的な結論を出す必要があるからです。

ところが、残念なことにワーキングメモリの容量には制約があり、一時的に3〜4個までの情報しか保存できません(7)。たとえば、「ケーキを食べたらどうなる?」という入力に対して「太る」「恥ずかしい」「満足する」「後悔する」といった4つの出力があった場合は、それ以上の処理が難しくなってしまいます。

他方で、獣の動作にはワーキングメモリが必要ありません。「ケーキ→食べる」「猛獣→逃げる」といったように獣の反応はつねにシンプルなので、複雑な処理をせずに即座にリターンを返せるからです。このメカニズムもまた、調教師を不利な状況に追い込む一因になっています。

ワーキングメモリに制約がある理由は定かではありませんが、いずれにせよ調教師が大きな制約のなかで情報処理を行わねばならず、どうしても獣より多大なエネルギーを必要とするのは間違いない話。集中力をキープするには、これだけ不利な状況を乗り越えて獣に勝たねばならないのです。

第3の特性「パワーが弱い」

「パワーが弱い」という3つめの特性については、もはや説明不要でしょう。とっさの状況に対応するスピードを持たず、獣に立ち向かうために多大なエネルギーを使い、最大の武器である論理性の刃ももろいのだから、結果ははっきりしています。いかに進化の成り行きだとはいえ、現代人にとってはまこと厳しい結論だと言えるでしょう。

5

集中力向上のための3つの教訓

残念ながら調教師は獣に勝てません

以上の話からは、集中力アップを図るうえで重要な3つの教訓が得られます。

第1の教訓：調教師は獣に勝てない
第2の教訓：集中が得意な人など存在しない
第3の教訓：獣を導けば莫大なパワーが得られる

まず肝に銘じておくべきは、調教師が獣に勝つのは不可能という点です。
さんざん見てきたとおり獣と調教師の戦力差は歴然で、そこには大人と子供よりも大きな違いがあります。正面をきって戦ったところでワンサイドゲームで終わるのが関の山です。

この事実はいさぎよく認めるしかありませんし、ここから話を始めずに小手先のテクニックばかりを学んでも大した効果は得られず、最後には不満ばかりが募っていくでしょう。そのためにも、まずは「集中力アップに楽な道はない」ことを頭に叩き込んでおく必要があります。

そして、この第1の教訓からは、必然的に次の教訓が導き出されます。それは、「集中が得意な人などこの世に存在しない」というポイントです。

数多くの成果を残した偉人ですら獣との戦いに敗れ続けたのは、すでにご紹介したとおりです。もしあなたがいま集中力の問題に悩んでいたとしても、それはある意味しかたがありません。

獣と調教師の戦いは、600万年をかけて人類の頭に刻み込まれたカーネルのようなもの。今後の進化では調教師が力をつけていくのかもしれませんが、いまを生きる私たちが考えてもどうにもなりません。私たちは、持ち前の旧式OSをやりくりしながら生きていくしかないのです。

なかには生まれつき注意のコントロールが得意な人もいるものの、それはあくまで程度の問題にすぎません。獣と調教師の戦いは誰の脳内でも行われている事実であり、この問題から逃れられる人は皆無でしょう。

絶望的な気分になった方もいるかもしれません。

そこまで調教師が無力ならば、集中力の向上など夢のまた夢。やはりハイパフォーマーは生まれつきの才能があるだけで、非才なる我らは獣に流されながら生きるしかないのではないか、と。

もちろん、そんなことはありません。真っ向勝負では勝ち目がなくとも、弱者には弱者なりの戦い方があります。調教師の武器である合理性を活かしつつ、ときに獣をなだめすかして味方につけ、ときに計略をめぐらせて獣のスキをつく、そんな戦い方です。

そこで第3の教訓、「獣を導けば莫大なパワーが得られる」です。

もとより、獣は私たちに害をなしたいわけではありません。原始の世界において獣の強大なパワーは人類を危険から救い、必要なカロリーを手に入れるモチベーションを与え、いまの繁栄をもたらす原動力になってくれました。

問題なのは、そんな獣のパワーが、情報が激増する現代社会で機能不全を起こしてい

るところです。

原始時代にはなかった豊富な食料。盛んに危機を煽る日々のニュース。承認欲求に働きかけるSNS。所有の喜びを瞬時に満たすショッピングサイト。根源的な欲望に突き刺さるネットポルノ。

現代が生んだ強烈な刺激の数々は、いずれも獣の激しい反応を引き出し、あなたの集中力を崩壊させます。

認知心理の研究でノーベル賞を受けた天才ハーバート・サイモンは、30年も前にこの事態を予見していました。

「情報は受け手の集中力を消費する。それゆえ情報量が増えれば増えるほど、集中力は痩せ細ってしまう。そして痩せ細った集中力をさらに配分する必要が生じ、いよいよ集中力は消費される」

ランプの灯りに突っ込んで死ぬ蛾のように、かつてはうまく働いたプログラムが現代では誤作動の要因になっている、というわけです。

となれば、私たちにできることはただひとつ。正しい獣とのつきあい方を身につけ、持ち前のパワーをうまく引き出してやるしかありません。獣との真っ向勝負は諦め、その力を有効に使う方法を探るのです。

獣を乗りこなし、ライバルたちをゴボウ抜きせよ

獣の力を引き出す作業は、洪水対策に似ています。

いったん河川があふれてしまえば私たちになすすべはなく、電気や水道は壊れ、住居と橋が押し流されていくのを見守るのみ。その破壊力は天井知らずです。

しかし、そんな事態が起きる前に長大な堤防を築き、上流にはダムを造っておけば、水流を誘導してやることができます。ダムの貯水を活かして、水のパワーを電力にも変換できるでしょう。

獣とのつきあい方もこれと同じこと。あらかじめ調教師が誘導の道筋さえ作っておけば、獣の莫大なパワーを狙った方向へ導くことができます。

そこで次章からは、科学的な根拠にもとづいた獣の誘導テクニックをお伝えしていきましょう。いわば「獣の飼い方マニュアル」です。

もちろん、獣のパワーを飼い慣らすのは簡単な作業ではなく、前述のハイパフォーマ

ー研究でも、深い集中力を発揮しながら仕事に取り組めているビジネスパーソンの数は全体の5％に過ぎません。それだけ獣とつきあうのは難しいのでしょう。

が、それだけの価値は十分にあります。前述の認知心理学者、ハーバート・サイモンはこうも指摘しました。

「情報量が激増する社会では、人間の集中力こそがもっとも重要な資産になる」

日々の暮らしで接するデータの数が増えるほど獣は暴走しやすくなり、その分だけ私たちの集中力も削られていきます。そんな社会のなかでは、金でも権威でもなく、集中力を備えた者こそが最大の資産家と呼べるのです。

本書の内容を実践すれば、あなたは内なる獣のパワーを我が物にし、現代でもっとも重要な資産を手に入れることになります。これぞ「ヤバい集中力」の最大のメリットです。

第 1 章

Chapter 1

餌を与える

～脳の馬力を高めるサプリと食事法～

1

お手軽に覚醒作用を倍増させるカフェインの摂り方

研究の結果、やっぱりカフェインが最強でした

獣とうまくつきあうために、まずすべきは「腹ごしらえ」です。毎日の食事を改善し、獣に正しく餌を与えるのが集中力アップの基礎になります。

前章でも説明したように、獣が生まれ持った使命のひとつは、「食料」を手に入れて全身を適切なカロリーと栄養で満たすことでした。そのため、正しい食事を体内に入れておかない限り、獣はそれ以外のタスクに意識を向けてくれないのです。

が、その前に本章では、より手軽なテクニックとして、カフェインの使い方から見ていきます。世に「脳に効く」と喧伝されるサプリは多いものの、現実にはカフェインほ

ど効果が立証された成分はありません。

たとえば、合法的に集中力を上げられる「スマートドラッグ」として流行したピラセタムには思い込み程度の効果しか認められていませんし、日本で人気が高いイチョウ葉エキスも軽度の認知症を除いては意味がなく、一般人が集中力アップのために飲むメリットはゼロです（1）。

が、カフェインだけは違います。そのメリットは複数の研究で確認されており、科学界におけるコンセンサスは次のようなものです（2）。

- **150～200㎎のカフェインを飲むと約30分で疲労感がやわらぎ、注意力の持続時間が向上する**
- **カフェインの集中力アップ効果は、ベースラインから5％前後だと思われる**

細かい数値に違いはあれど、基本的には缶コーヒー1本分のカフェインを飲むだけでも集中力は上がるようです。

5％前後の集中力アップと聞くと大したことがなさそうですが、そんなことはありません。39人のチェスプレイヤーを対象に行われたドイツの研究では、200mgのカフェインを飲んだプレイヤーは一様に集中力が上がり、プラセボ群より勝率が6～8%もアップしました(3)。この改善レベルを現実の試合に当てはめると、チェスの世界ランクが5000位から3000位に上がるのに匹敵します。ほんの数パーセントの違いでも、現実的なリターンは計り知れません。

5原則に従って飲み方を変えるだけで覚醒作用は最大化する!

もっとも、カフェインは脳への作用が強いだけに、取り扱いには注意が必要になります。あまりに身近な物質のせいで油断しがちですが、使い方を間違えれば効果が半減してしまいますし、逆に副作用に見舞われるケースも少なくありません。

カフェインを使うときは、以下のポイントに注意してください。

❶一度に缶コーヒー2本(カフェイン400mg)以上を飲まない

大半の研究では、カフェインのメリットは300mgを超えたあたりから薄れ、400

mg以上で副作用が出ています。具体的には不安感や焦燥感の増加、頭痛、短期記憶の低下などです。カフェインの感受性は個人差も大きいので一般化は難しいものの、1回で2本以上の缶コーヒーを飲むのは推奨できません。

❷コーヒーにはミルクかクリームを入れる

生まれつきカフェインに弱く、少しのコーヒーでもドキドキしてしまう……。

そんな人は、コーヒーにミルクやクリームを入れるのも手です。脂肪分にはカフェインの吸収を穏やかにする働きがあり、マイルドに脳を覚醒させてくれます(4)。脂肪分と一緒に飲めばなんでもいいので、他にもヨーグルトやチーズとブラックコーヒーを合わせてもいいでしょう。

❸起床から90分はカフェインを飲まない

起き抜けにコーヒーで目を覚ます人は多いでしょうが、これは集中力アップの視点からすれば良くない行為です。

というのも、人間の体は午前6時ごろからコルチゾールという覚醒系のホルモンが分泌され、少しずつ目が覚めるようにできています。いわば天然の目覚まし装置です。

それなのに、起きてすぐカフェインを飲むと、コルチゾールとの覚醒作用が合わさって脳への刺激が強くなりすぎ、心拍数の上昇、焦燥感、頭痛リスクの増加といった副作用が出やすくなります。

通常、コルチゾールは起床から90分で減り始めるので、コーヒーを飲むならそれ以降のタイミングがベター。コルチゾールの覚醒機能をジャマせずに、カフェインのメリットを活かすことができます。

❹アメリカ陸軍開発のスケジューリングサービス「2B-Alert」を使う

カフェインの使用でもっとも悩ましいのは、摂取量とタイミングです。

第一に、カフェインを必要以上にとり過ぎると、少しずつ脳に耐性がついて効き目が弱くなります。エナジードリンクを飲み続けたせいで効果が薄れてしまい、覚醒作用を取り戻すべくさらに消費量が増えていくのは、カフェインの愛好者によく見かけるパターンです。

タイミングも非常に重要で、なにも考えずに適当な間隔でコーヒーを飲むと、やはりカフェインのメリットは薄れます。血中濃度が最大の状態でさらにカフェインを追加しても、体が成分を処理しきれないからです。覚醒作用を最大に引き出すには、カフェインの半減期を理解しつつ適度な量を継ぎ足していく必要があります。

そこで使えるのが、「2B-Alert」です。

これはアメリカ陸軍の研究機関が提供するＷＥＢサービスで、1回のカフェイン摂取量を限界まで減らし、その覚醒効果を最大まで引き出すために開発されました。カフェインに関する先行研究を調べあげ、覚醒作用を最大化するためのアルゴリズムにまとめあげたものです。

その正当性を確かめる実験も行われており、「2B-Alert」を使った被験者は10〜64％の範囲で集中力が上がり、さらにカフェインの使用量が65％も減ったというから驚きです（5）。

「2B-Alert」は、メールアドレスさえ登録すれば誰でも利用できます。サイトにアクセスしたら、画面右側の「スリープスケジュール」に、前夜の就寝時間と起床時間を入力してください。

すると、画面下の「スケジュール」欄に、カフェインを飲むべき時間帯と分量が表示されます。このアルゴリズムでは、個人の睡眠負債の量をベースに最適なカフェイン量を判断しているわけです。

いままで考えなしにコーヒーを飲んできた人は、「2B-Alert」で最適なカフェインのとり方を割り出してみてください。いままでよりカフェインの覚醒作用を活かせるようになるはずです。

❺ 緑茶に含まれるリラックス成分「テアニン」と一緒に飲む

テアニンは、緑茶などにふくまれるアミノ酸の一種です。昔からリラックス作用が高いことで有名な成分で、50〜200㎎を服用すると40分ほどでアルファ波が増え、気持ちが落ち着き始めます。

実は近年、このテアニンとカフェインの組み合わせが集中力に効く可能性が浮かび上がってきました。ペラデニヤ大学による実験で、テアニンとカフェインを同時に服用した被験者は、カフェインだけを飲んだグループよりも4％ほど集中力が上がったのです（6）。

この現象は、テアニンが持つリラックス作用が原因だと考えられます。テアニンのおかげでカフェインの副作用が無効化され、うまく覚醒感だけが残ったのでしょう。小規模な実験につき追試は必要ですが、集中力をブーストさせたければ試す価値はあります。

実験で使われた成分量は、カフェイン200㎎、テアニン160㎎です。これら2つの成分は緑茶にもふくまれていますが、実験と同じ効果を出そうと思ったら、だいたい6〜10カップ分を一気に飲まねばならない計算です。不可能ではないものの、市販のお茶で集中力アップを狙うのは難しいかもしれません。

そのため、実験を再現したいときはサプリメントの利用がおすすめです。カフェインとテアニンのどちらもカプセルタイプの商品が売られているので、ネットで検索してみてください。

2 食べるだけで脳機能が上がる魔法の食事法

オリーブオイル、野菜、魚介類……「地中海食」で集中力が上がる

カフェインの使い方がわかったところで、集中力アップに効く食事の仕方を見ていきましょう。そもそも私たちの脳は適切な栄養がなければまともに働かないため、正しい食事なしでは、せっかくの心理テクニックも存分に活かすことができません。

確かにカフェインには大きな効果があるものの、あくまで集中力のブースターとして使うのが正解。まずはこれから紹介する食事法を通して、最低でも2週間は獣に適切な餌を与え、自分の集中力にどのような変化が起きるかを観察してください。それからカフェインを積極的に使用していきましょう。

さて、忙しい現代社会ではついつい食事をなおざりにしがちです。

会社の昼食はできあいの弁当やファストフードで済ませ、仕事中に小腹が空いたと言ってはお菓子をつまみ、家に帰ればインスタント食品を口に放り込む……。

一時的な飢えはおさまるでしょうが、これでは本当に必要な栄養が補給されず、いくら食べても獣の飢えは満たされません。最終的に獣そのものがガス欠を起こせば、せっかくのパワーを活かしようがないでしょう。古代ローマの賢人セネカも言うとおり、「自立への大いなる一歩は満足なる胃から始まる」のです。

近年では「食事と集中力」に関する研究が進み、信頼性の高いレポートが多く出ています。

なかでも興味深いのは、ディーキン大学による２０１６年の系統的レビューです（７）。このなかで研究チームは「地中海食」に関する18件の研究をまとめ、「食事で集中力は高まるか？」という疑問に精度の高い答えを出しました。

「地中海食」はイタリアやギリシャに古くから伝わる伝統食のことで、野菜、フルーツ、魚介類、オリーブオイルなどをたっぷり食べ、ファストフードやインスタント食品を徹底的に避けるタイプの食事法です。具体的なメニューとしては、全粒粉のラザニアやボイルサーモン、フェタチーズとトマトのサラダなどが定番になります。

いかにも健康に良さそうな食事法ですが、その効果は体調の改善だけにとどまりません。まずは論文の大きな結論を見てみましょう。

- **地中海食を徹底するほど脳機能が改善し、ワーキングメモリ、注意の持続力、セルフコントロール能力などが向上する**
- **その効果は、国籍、性別、年齢を問わずに確認された**

すでに見たとおり、「集中力」とは、ワーキングメモリや注意力といった各能力の複合体を意味します。**すなわちこの研究は、健康的な食事を実践すれば、どんな人でも集中力が上がることを示したわけです。**

もちろん、ここで扱われたデータはすべて観察研究であり、必ずしも地中海食が集中力に効くと実証されたわけではありません。その点で注意は必要ですが、脳機能の働きが食事に左右されることはほぼ確実。「獣に何を食べさせるべきか？」という問題を考えるにあたっては十分示唆に富みます。

脳の基礎体力をつくるための必須栄養素がある

食事で集中力が上がる理由はまだわからない点が多いものの、現時点での科学界は次の栄養素を重視しています（8）。

- 鉄分、亜鉛、マグネシウムなどのミネラル
- ビタミンD
- 葉酸、ビタミンB12
- オメガ3脂肪酸
- コリン
- 必須アミノ酸
- Sアデノシルメチオニン

いずれも脳の働きに欠かせない成分で、不足すれば鬱症状や感情のコントロール不全

が起きたりと、あなたのメンタルに多大な悪影響をおよぼします。正しい食事こそが集中力の土台になるゆえんです。

もっとも、たんに「脳が喜ぶものを食べよう！」と言ってみたところで実効性は低いでしょう。必要な栄養素で脳を満たすためには、もっと具体的で実践しやすいガイドラインが必要です。

そこで本書では、「MIND」（マインド）という食事法をご紹介します。

これは「Mediterranean-DASH Intervention for Neurodegenerative Delay」の頭文字を取った食事のガイドラインで、日本語に訳せば「神経変性を遅らせるための地中海式&DASH食介入」となります。

仰々しい名前ですが、「脳の劣化を防ぐために開発された食事法」ぐらいに解釈していただいて構いません。先に紹介した「地中海食」を栄養学の観点からブラッシュアップし、脳への作用を最大に高めたのが特徴です。

認知機能の低下から身を守るテクニックとして一定の評価があり、たとえばラッシュ大学による実験ではうつ病が11%改善し、アルツハイマーの発症率が53%も低下したとの結果が出ています(9)。科学的に脳のケアを行いたいなら、最初に試すべき手法と言えるでしょう。

脳にいい食事を続ける超簡単な3つのルール「MIND」

「MIND」は、大きく3つのルールでできています。

①脳に良い食品を増やす
②脳に悪い食品を減らす
③カロリー制限はしない

食事の量を減らす必要はなく、お腹いっぱいになるまで食べても問題なし。「脳に悪い食品」も絶対量を減らせばいいだけなので、毎日の食事から完全に排除しなくても構いません。

「MIND」が定める「脳に良い食品」は、次のページのような10のフードカテゴリーに分かれます。

図1　脳に良い10のフードカテゴリー

カテゴリー	例	推奨摂取量	手ばかりの目安
全粒穀物	玄米、オートミール、キヌアなど	週に21食分を目指します（1日3食ずつ・1食分=125g）	握りこぶし1個ぐらい
葉物野菜	ほうれん草、ケール、レタス、青梗菜など	1日1食分を目指します（1食分＝生野菜の場合は150g、調理した場合は75g）	両方の手のひらに乗るぐらい
ナッツ類	クルミ、マカダミア、アーモンドなど	1日1食分を目指します（1食分＝20g）	親指ぐらい
豆類	レンズ豆、大豆、ヒヨコマメなど	1日1食分を目指します（1食分＝60g）	片方の手のひらに乗るぐらい
ベリー類	ブルーベリー、イチゴ、ラズベリーなど	週に2食分を目指します（1食分＝50g）	握りこぶし1個ぐらい
鳥肉	ニワトリ、鴨、ダックなど	週に2食分を目指します（1食分＝85g）	片方の手のひらに乗るぐらい
その他の野菜	タマネギ、ブロッコリー、ニンジンなど	1日1食分を目指します（1食分＝生野菜の場合は150g、調理した場合は75g）	両方の手のひらに乗るぐらい
魚介類	サーモン、さば、マス、ニシンなど	週に1食分を目指します（1食分＝120g）	片方の手のひらに乗るぐらい
ワイン	おもに赤ワイン	1日グラス一杯（150ml）まで。酒が飲めないなら取り入れなくてもOK	—
エキストラバージンオリーブオイル	—	調理油、またはドレッシング用に使う	親指ぐらい

まずはこれらの食品を取り入れた食事を続けるのが基本です。「ＭＩＮＤ」がすすめる食材を中心に食べておけば、細かい栄養素のバランスを気にしなくとも、脳の働きに欠かせない成分が摂取できます。

もっとも、このままでは1食分のイメージがつかみにくいので、実践の際は自分の手を使って大まかなサイズ感を確認してください。いわゆる「手ばかり」です。「ＭＩＮＤ」の1食分の目安は、それぞれ以下のようになります。

- **全粒穀物／ベリー類＝握りこぶし1個ぐらい**
- **葉物野菜／その他の野菜（生野菜の場合）＝両方の手のひらに載るぐらい**
- **鳥肉／魚介類／豆類＝片方の手のひらに載るぐらい**
- **ナッツ類／オリーブオイル＝親指ぐらい**

手ばかりで正確なグラム数を測るのは不可能ですが、だいたい25％ぐらいの誤差に収まります。多くの研究でも、「ＭＩＮＤ」の食事量は7割ぐらいまで守れば脳機能の改善が見られると報告されており、実用性は問題ないでしょう。

図2　脳に悪い7つのフードカテゴリー

カテゴリー	上限摂取量
バターとマーガリン	1日小さじ1杯まで
お菓子・スナック類	週に5食まで（1食はポテトチップス一袋分で想定）
赤肉・加工肉	週に400gまで
チーズ	週に80gまで
揚げ物	週に1食まで（1食は唐揚げなら）
ファストフード	週に1回まで
外食	週に1回まで

続いて上の表が、「MIND」が定める「脳に悪い食品」です。

以上の食品は、できるだけ摂取量を減らしてください。ラーメンやハンバーガーなどを完全に止める必要はないものの、週1までにしておきましょう。また、「MIND」では、特に食事の時間は明確に指定していません。もし朝食を抜きたければ抜いても構いませんし、仕事が遅くなったら深夜に食事を取ってもOKです。

毎日決まった時間に食事をする方が望ましいのは確かなものの、あまり神経質になってもしかたありません。ここでは、脳に良い食品と悪い食品のバランスを改善するほうに意識を使ってください。

臨床テストのデータによれば、「MIND」のガイドラインを4〜8週間ほど守ったあたりから脳機能の改善が見られたと報告されています（10）。食事で脳をケアするためのガイドラインとして活用してください。

「MIND」の食事例

●朝食の例

スティールカットオートミールにブルーベリーとアーモンドを添える

ほうれん草、ケール、マッシュルームのフリッタータ

●昼食の例

玄米

鶏肉、トマト、大豆、イモ類の炒め物

ケール、キヌア、アーモンド、トマト、ブロッコリーのサラダにオリーブオイルとリンゴ酢を混ぜたドレッシングをかける

●夕食の例

砕いたクルミを散らしたベイクドサーモン
赤ワイン1杯
鶏胸肉、ブロッコリー、カシューナッツのサラダ

3

脳を変えたいなら「食事日記」が最強のソリューションである

ジャンキーな食べ物への暴走に負けにくくなる、強い食事習慣のつくり方

集中力アップに効く食品がわかったら、次に試して欲しいのが「記録」です。自分が「MIND」をどれぐらい実践できているかを毎日の記録に残し、成果を目に見えるよ

うにしていきましょう。

めんどうに思われるかもしれませんが、記録をするとしないでは「MIND」の効果は大きく変わります。

一例として、シェフィールド大学の研究を見てみましょう(11)。「記録の効果」について調べた先行研究から1万9951人分のデータを統計処理したメタ分析で、科学的な信頼性が高い内容です。

研究では「記録で健康は改善するか?」という疑問にフォーカスし、減量、禁煙、食生活の変化に与える影響をチェックしました。そこでわかったのは、大きく2つのポイントです。

- **毎日の行動を記録したほうが、健康的な食事の量は増える**
- **記録の回数は、多ければ多いほど食習慣は改善する**

毎日なんらかのデータを残したほうが、間違いなく成果は上がります。統計的な効果量は「d+ = 0.40」と報告されており、これは心理的なテクニックとしては高い数値です。

さほどに記録が高い効果を持つのは、獣が持つ「難しいものを嫌う」という特性に関わっています。

わかりやすさを好む獣にとって「脳に良い食事をせよ」という指示は抽象的に過ぎますし、なによりの問題は「ＭＩＮＤ」は効果が出るまでに一定の時間がかかるところです。この事実は短期的な視野しか持たない獣にとっては苦痛でしかなく、「もっと手軽にカロリーを得られるものを食べたほうがいいのでは？」や「いつもの食事で十分だろう」といった感覚を引き起こします。

さらに、獣は長期のゴールに興味を持ってくれないため、すぐに「ＭＩＮＤ」の目標を忘れてしまうのも難点です。いくら調教師が「集中力を上げるぞ！」と指示を出そうが、獣が「なぜ食事を変えねばならないのか？」と疑問を持てばそこで終了。ほどなくあなたは獣の力に引きずられ、もとの食生活にもどってしまうでしょう。

「記録」はこれらの問題を解決してくれます。

日々の行動を記録に残せば自分の進捗状況が明確になり、効果が出るまでの期間を待つだけの気力もわくでしょう。記録をするたびにゴールの存在が獣に伝わるので、忘却の問題も起こりません。

難なく「ＭＩＮＤ」が続けられるなら問題はありませんが、体に染みついた食事の習慣をすぐに変えられる人は少数派でしょう。ぜひ記録の力をライフスタイルに組み込んでください。

カレンダーで「守れた日」に丸をつけるだけでも効果がある

具体的な記録法も見ておきましょう。

「ＭＩＮＤ」の効果を高める記録法はいくつかありますが、ここでは代表的な３つをレベル順に紹介します。記録の作業に慣れていない人は、まず簡単なところから手をつけてください。

レベル１　シンプルチェック

もっとも手軽なのは、「ＭＩＮＤ」のガイドラインを守れた日に、カレンダーに丸印をつける手法です。これだけでも自分の現在位置とゴールを把握しやすくなり、獣のモチベーションも上がります。

丸印をつけるのは、「脳に悪い食品を口にしなかった日」だけでも構いません。脳が喜ぶ栄養を増やすのも大事ですが、その前に脳に悪い食品を減らすほうが集中力は上がりやすいことがわかっています。

また、多くのデータでは、デジタルよりも紙に手で書き込むほうが効果が高いとの結果も出ています(12)。お気に入りのノートやカレンダーがあれば、そちらを使ってください。

ただし、そのせいで記録がめんどうになっても本末転倒なので、デジタルデバイスを使っても構いません。その際は、「Streaks」や「Momentum Habit Tracker」といった記録用のアプリを試してみてください。

レベル2 MINDスコアボード

毎日の食事で、どれだけMINDのガイドラインを守れたかを採点していく手法です。「脳に良い食品」を食べたらプラス、「脳に悪い食品」を食べたらマイナスの数値を記録していきましょう。

各食品グループの配点は左図のようになります。

図3　MINDスコアボード

頭に良い食品	スコア
全粒粉物	＋1
葉物野菜	＋5
ナッツ類	＋2
豆類	＋3
鳥肉	＋2
その他の野菜	＋5
魚介類	＋4
ワイン（グラス1杯以内）	＋1

頭に悪い食品	スコア
バター・マーガリン	−3
お菓子・スナック類	−5
赤肉・加工肉	−3
チーズ	−1
揚げ物	−5
ファストフード	−5
外食	−3
ワイン（グラス1杯以上）	−3

スコアボードに記録するときは、いちいち「この野菜は何グラムだろうか？」などとは考えず、65ページの「手ばかり」を使って「両方の手のひらに乗るぐらいのレタスを食べたから今日はクリア」ぐらいの感覚で採点を進めてください。

獣は忘れっぽいので、いつも自分がどんな食事をしているのかをハッキリ覚えていません。「今週はかなり野菜を食べたから健康的だな……」と自分では思っていても、実際には定食についてきた小さなサラダの記憶が誇張されただけだったり、間食で口にしたポテトチップスのことが抜け落ちていたりするものです。

ある研究では、ダイエットがうまくいかない悩みを抱えた男女を集め、日々の食事を精密に記録する調査を行いました。すると、大半の参加者は

「私は1日に1200kcalも食べていないはず」や「お菓子は食べずに野菜をたくさん食べた」と答えたにも関わらず、実際は本人の推測よりも平均で47％も摂取カロリーが多く、野菜の量は51％も少なかったのです(13)。

あなたの内なる獣は、食事に関する正確な記憶を持たないどころか、都合が悪い出来事を平気でねじまげる性質も持っています。この問題を解決するには、日々の食事を数値でつかむしかありません。

レベル3 フォーカスログ＋スコアボード

レベル2の「MINDスコアボード」に加えて、集中力の変化も記録していく手法です。1時間ごとに「自分はどれぐらい集中できていただろうか？」と振り返り、10点満点で採点してみましょう。

集中のレベルは主観で判断すればOKで、「周囲のできごとが全く気にならないほど作業にのめりこめた」なら10点ですし、「ほとんど作業が手につけられなかった」なら0点です。「いつもどおりの平均的な集中度だった」と思えば5点をつけてください。

「主観で採点して大丈夫なの？」と思うかもしれませんが、これは心理療法の現場でも採用される由緒正しい技術。主観でもある程度まで正確に集中力の変動パターンを理解できることがわかっています。

ちなみに筆者が実践したときは、エクセルで入力した数値を折れ線グラフ化しました。点数だけでも十分役には立ちますが、グラフにしたほうが集中力の変動がわかりやすくなって便利です。めんどうでなければお試しください。

フォーカスログは最低でも1週間は続け、それからMINDスコアボードとの比較を行いましょう。**ここで注目して欲しいのは、スコアボードの点数とフォーカスログの対応です。**

脳に良い食品を食べたら集中力に変化は起きたか？　もし集中力が上がったのなら、それは特定の食品を口にしてから何分後だったか？　脳に悪い食品を食べたら生産性は上がったか下がったか？　間食でエネルギーはわいたか？

2つの記録を何度か見くらべると、少しずつ食事と集中力の関係性への理解が深まっていきます。この理解が、さらにMINDに取り組むモチベーションを上げてくれるのです。

第 2 章

Chapter 2

報酬の予感

～脳内ホルモンを操る目標設定の奥義～

1

死んでしまうほど熱中する「ゲーム」の力をハックせよ

人類の歴史を混乱させてきたサイコロ、トランプ、レアアイテム

２０１１年、20歳のイギリス人男性がコンピュータゲームのプレイ中に意識を失い、そのまま命を落としました。

セーブデータの記録によれば、男性のプレイタイムは12時間超。長いあいだ同じ姿勢でゲームを続けたせいで体内の水分が減り、固まった血液が心臓から肺動脈に詰まった結果のショック死でした。

近年では似たような死亡事故が増え続けており、２００２年にはオンラインゲームを

86時間プレイし続けた韓国人の男性が死亡。2015年のロシアでも22日間休まずゲームをし続けた少年が突然死しています。いずれの事例でも、プレイヤーは食事とトイレ以外はほぼ体を動かしておらず、下半身のうっ血で死に至ったようです。

事態を重くみたWHOは2019年に「ゲーム障害」なる疾病分類を発表し、日常の行動に障害をきたすレベルのプレイは病気の一種なのだと認めました。この決定には反論も少なくないものの、いまや各国機関が対応に追われている状況です。

テレビゲームの是非はさておき、奇妙な現象ではないでしょうか？

序章でも触れたように、獣の役目とは本来「個体の維持」にあったはずです。生命をおびやかすものから身を守り、人類の繁栄を担うために生まれたシステムだったのに、なぜ獣はプレイヤーが命を落とすまで人体を駆動させるのでしょうか？　本来の目的から外れた行為に対して、なぜ獣は最大限の力を注ぎ込むのでしょうか？　まさに、悪い意味で「ヤバい集中力」です。

この問題について考えるために、人類が娯楽の発達に傾けてきた情熱の歴史を見てみましょう。一番わかりやすいのは、ギャンブルです。

ギャンブルの歴史は古く、古代ローマではカリグラやネロなどの皇帝が日ごとサイコロ遊びに興じ、そのせいで行政が止まったとの記録が残されています。さらに16世紀のイギリスではポーカーや競馬が流行り過ぎたせいで、週末にしかギャンブルを楽しんではならないという法律まで作られたほどです。

ギャンブルの魔力に目をつけたカジノ経営者たちは、おもに1960年代からのアメリカで、獣の反応を引き出すための手法を磨き上げました。

きらびやかなネオンで外観を彩って獣の注意をひく。窓と時計を撤去して現実から切り離す。派手な音楽と照明で気持ちを駆り立てる。無料のアルコールで調教師の働きを狂わせる。たまに大当たりを出して希望を煽る。

カジノに実装されたテクニックはすべて、獣が暴走するように設計されています。本来は人間の生命を保つために生まれた獣のパワーを、ただ刺激に反応して金を落とすだけの操り人形に変えてしまう巨大なシステムです。

そして、カジノの中毒性をさらに身近にしたのが現代のゲームです。

レベルアップの魅力が架空の達成感を煽り、ランダムに現れるレアアイテムはプレイヤーの期待を高め、イベントのクリアボーナスがさらなるモチベーションをかき立てる。

なかでも近年のソーシャルゲームにおける課金の仕組みは、カジノでもっとも収益率が高いスロットマシンの仕組みそのものです。

教育学者のウィリアム・バッグリーは、19世紀の初頭に著した「教育の技巧」のなかで、集中力をさまたげやすいものの代表例として「おもしろい小説」や「楽しい友達」を挙げました。それから100年で、人類はだいぶ遠くへ来たようです。

ゲームは脳を気持ちよくさせる最強のテクノロジーだ!

ゲームがここまでの魅力を持ち得たのは、クリエイターたちが「報酬をいかに提示するか?」の問題を徹底的に掘り下げたからです。

世の中に、〝ごほうび〟が嫌いな人間は少ないでしょう。昇進で給料が上がったり、人事評価で良い言葉をもらったり、趣味のイベントで賞を受けたりと、自分の行動が報われるのはなんでもうれしいものです。

しかし、カジノが進化する過程でクリエイターたちが行きついた最大の結論は、「本当に大事なのは報酬そのものではない」ということでした。

考えるまでもなく、胴元がいるギャンブルほど不合理な行動はありません。

カジノ、競馬、宝くじなど、大半のギャンブルでは期待値がマイナスになります。短期的には大当たりを引くことがあっても、最後には大数の法則が働くため、どのようなプレイヤーでも敗北はまぬがれません。

それでもギャンブルにのめり込む人が後を絶たないのは、報酬それ自体に魅力があるからではなく、**「報酬の出し方」がうまいからに他なりません。**スロットマシンがプレイヤーを虜にする手法はいくつもありますが、**もっとも獣への影響が大きいのは「ニアミス演出」と「スピード感」の2つです。**

ニアミス演出は、プレイヤーに「あと少しで絵柄がそろうところだった！」と思わせ、モチベーションを引き出す手法です。スリーセブンまであと一歩のところで3枚目の7が出ない現象は、ギャンブラーならおなじみでしょう。

その効果には多くの実証データがあり、ニアミスの発生率を高く設定したマシンを使うと、ひとりあたりのプレイ時間は10〜20％ほど延びます。ギャンブラーを対象にした実験によれば、ニアミス演出を目撃したプレイヤーの脳は、大当たりを引いた勝者とほぼ同じレベルの興奮度を示したそうです。

もうひとつ「スピード感」も獣をかき立てる重要な要素です。

たいていのスロットマシンは1回のプレイに数秒もかからず、そのあいだも小刻みに配当を与えてきます。このスピードでプレイをくり返すと、獣は反射的に「もう少しですごい報酬が手に入るのでは？」と思い始めてモチベーションが激しくアップ。「もう少し」が何度も積み重なった結果、最終的には数十時間をカジノで過ごすはめになります。

このようなスロットマシンのしかけからわかるのは、獣がもっとも強く反応するのは報酬そのものではなく「報酬の予感」だ、という事実です。

報酬の額が小さいよりは大きいほうがいいのは間違いないものの、それだけで獣は動かせません。「もう少しがんばれば……」や「あと少しで手に入る……」と思わせる「報酬の予感」に対してこそ、獣は最大のパワーを発揮するのです。

この特性は、獣が生まれた原始時代に形づくられました。数百万年前の世界においては、何も考えずに目の前の報酬に飛びつける者こそが適応だったからです。

たとえば、もし数十キロ先に獲物の大群がいたとしても、目の前に小動物が1匹いればそちらを先に狩るべきでしょう。そのせいで獲物の大群を取り逃がしたとしても、とりあえず1匹を確実に仕留めたほうが当座の飢えをしのげます。

そんな環境で進化した獣のなかには、「すぐ手に入りそうな報酬にこそ全力を出すべし」と指示を出すプログラムが備わりました。成果の種類や多寡にはかかわらず、とにかく「報酬の予感」にすばやく反応する無意識のシステムです。

つまり**本章における最大のポイントは、「報酬の予感」を自己の管理下に置けるかどうかです。**カジノやゲームのように他人の手で「報酬の予感」を操られるのではなく、あなたが獣のコントロール権を握るのです。

そのための細かなテクニックは無数に存在しますが、基本的な戦略はシンプルです。

①役に立つ「報酬の予感」を増やす
②役に立たない「報酬の予感」を減らす

あなたが決めたゴールの達成に役立たない報酬はできるだけ遠ざけ、目標に近づける報酬だけを取り込む。当たり前といえば当たり前ですが、この2つを愚直にこなすのが成功への道です。

2
あなたの仕事を「クソゲー」にしてしまう2つの要素

役に立つ「報酬の予感」を増やす方法を見ていきましょう。

2000年、先延ばしの心理研究で有名なカールトン大学のティモシー・ピッチェルは、学生を対象にした複数の研究により、集中力をキープできない人にありがちな2大要素を特定しました（1）。

①不毛タスク
②難易度エラー

ひとつめの「不毛タスク」は、「この作業はなんのためにやっているんだろう……」や

「この仕事で何が得られるのだろう……」などと、思わず疑問を持ってしまうようなタスクのことです。報酬そのものに意味が感じられなければ、エネルギーがわかないのは当然でしょう。

なんとも自明の話のようですが、仕事の内容が複雑化する現代社会では、意味を感じながら働けている人は少数派です。

ある大規模なサーベイでは、やりがいを感じながら仕事に取り組めている人の数は、全労働者の31％しかいませんでした。目的がわからないまま時間だけが過ぎる会議、具体的なプロジェクトに関わらない決済、どんな意味があるのかハッキリしない書類仕事といったタスクが続けば、誰でもモチベーションを失うのが当然。もし心当たりがあるなら、必ずフィックスすべきです。

ふたつめの「難易度エラー」は、タスクの難しさが自分の能力に適しているかどうかを問題にしています。

おもしろいゲームほど、ステージをクリアするごとに少しずつ難易度が上がっていくものです。いきなりラスボス級の敵が出てきたら太刀打ちできませんし、逆にいつまでもスライムしか出てこないＲＰＧなど遊びたくもないでしょう。目の前の作業がほどよ

図4　集中力の最近接帯

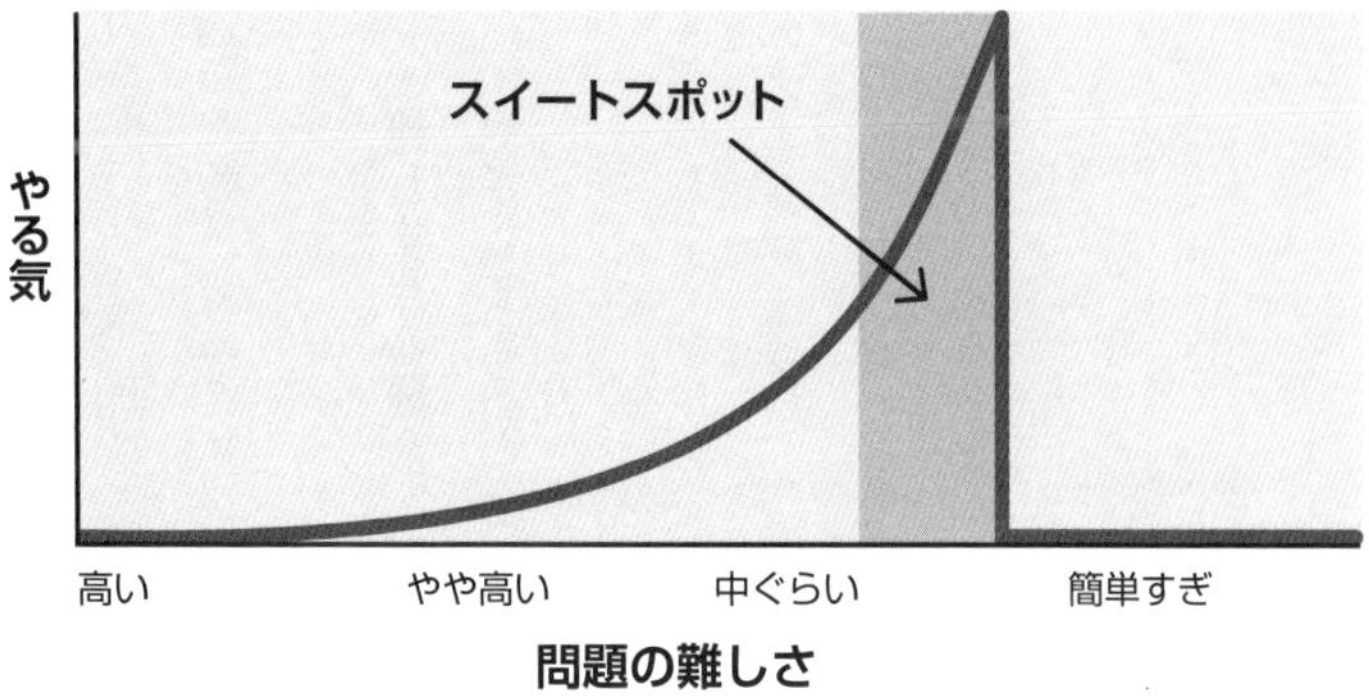

い難易度に設定されない限り、やはり獣は動いてくれません。

この点で参考になるのが、コロンビア大学による2016年の研究です。研究者は被験者にスペイン語の単語を覚えるように指示し、その際に問題の難易度を「難しい」「なんとか解けそう」「簡単」の3パターンに分けました(2)。

そのうえで、さらに勉強中の集中力レベルを計測したところ、結果は「なんとか解けそう」な単語を学んだグループがトップ。「難しい」単語を学んだグループが2番手で、集中力がもっとも下がったのは「簡単」な単語を学んだグループでした。どうやら、作業の難易度が高すぎても低すぎても、私たちの集中力は下がってしまうようです。

これは「集中力の最近接帯」と呼ばれる現象で、

たいていの人は、タスクの難しさによって集中力は図4のように変わります。ベストな集中力を保つには、難易度をスイートスポットに収めなければなりません。間違った難易度のタスクに出くわすと、獣は次のような反応を示します。

- **難しすぎる場合＝がんばっても報酬が得られそうにないから放っておこう**
- **やさしすぎる場合＝いつでも報酬は得られそうだから放っておこう**

どちらにしても獣はやる気をなくし、結果的に集中力は下がるわけです。

研究チームは、「学生の集中力が続かないのは能力不足が原因ではない。難易度の設定を間違えただけだ」と言います。逆にとらえれば「集中力の低下」とは、作業の難しさが最適ではないことを示す獣からのメッセージだと言えるでしょう。

3

達成感がやみつきになるタスク管理法

報酬感覚プランニング#❶「基本設定」

「不毛タスク」と「難易度エラー」はどちらも難しい問題ながら、昔から多くの心理学者が精度の高い解答をいくつか編み出しています。

そこで本章では、現時点で効果があきらかな対策をひとつの流れにまとめ、「報酬感覚プランニング」というワークシートとして組み直しました。

このシートで採用したテクニックは、1970年代からの研究で生まれた大量の対策から特に効果が大きいものを厳選したものです。順を追って考えていくことで、自然と「報酬の予感」が最適化されるようにデザインしました。いわば科学が認めた集中力アップテクニックの「オールスター」です。

図5　報酬感覚プランニング　基本設定シート

1. ターゲット	(Q. どうしても集中力が続かない作業のなかから、自分にとってもっとも重要なものを選んで書き込んでください)
2. 重要度チェック	(Q. 上記の目標を達成しなければならない理由のうち、もっとも大事なものをひとつだけ選んで書き込んでください)
3. 具象イメージング	(Q. 1で選んだ目標を、より具体的に、頭の中で映像を浮かべやすい内容に変えてください)
4. リバースプランニング	(Q. 1で選んだ目標を「達成した未来」から現在にさかのぼる形で、いくつかの短期目標を決めてください)
5. デイリータスク設定	(Q. 4で決めた短期目標のなかから、もっとも締め切りが近いものを選び、それを達成するために毎日やるべきタスクをいくつか考えてください)

各項目の記入法と、それぞれの科学的な根拠をご説明しましょう。

最初の基本設定では、集中力が出ないタスクの意味や価値観をあらためて確認したうえで、毎日行うべきタスクを絞り込んでいきます。

❶ターゲット

どうしても集中力が続かない作業のなかから、自分にとってもっとも重要なものを選んで書き込みます。「企画書の作成」のような仕事のタスクはもちろん、「もっと運動をする」や「食事の改善」のような日常の目標でも構いません。

すぐに気がそれてしまう……。理由はわからないが放置している……。なんだか取りかかる気が起きない……。そんなタスクのなかから、ひとつだけ選んでください。

❷重要度チェック

その目標を達成しなければならない理由を考えて、もっとも大事なものをひとつだけ書き込みます。

たとえば「企画書の作成」という目標の場合、人によっては「会社に貢献する」のが最大の理由かもしれませんし、また別の人にとっては「お金を稼ぐため」や「社内の評価を上げる」のがモチベーションなのかもしれません。どのような理由でも問題はないので、自分の気持ちに素直に考えてみましょう。

これは心理療法の世界では「価値ベースのゴール設定」と呼ばれ、カウンセリングの現場などで患者のモチベーション向上に使われています。ここであらためて目標の価値を確認し、「不毛タスク」の悪影響をやわらげましょう。

❸ 具象イメージング

ステップ1で選んだ目標を、より具体的なイメージに変換します。できるだけ頭のなかで映像を浮かべやすい内容に変えてください。

例：目標「企画書を作成する」→変換「企画書を上司に提出してホッと一息ついたところで映画でも見に行く」
目標「毎日ランニングに行く」→変換「毎日のランニングで体力を増やし、いつもクリアな頭で仕事をこなす」

このステップは、「獣は抽象を理解できない」という弱点を補うために行います。目標が抽象的なままでは獣がゴールの現実感を持てず、どうしても意欲はわきません。

「具象イメージング」の効果を示した例としては、カリフォルニアの病院を対象にした研究が有名です(3)。このなかで研究チームは、病院の目標設定を2つのグループに分けました。

①「すべて患者に最高の処置を行う」という抽象的な目標を設定

②「『あの病院は最高だった』と、すべての患者が友人に言いたくなるような処置を行う」のようなイメージしやすい目標を設定

そこから各病院の業績を調べたところ、結果は予想どおりでした。イメージしやすい目標を立てた病院のほうが職員の集中力が高まり、あきらかに患者の満足度も高くなったのです。

「具象イメージング」を考える際は、2つのポイントに注意してください。

①専門用語を使わない：「持続可能性の高い社会を作る」などとは言わず、かわりに「ハイブリッドカーが増えた社会を実現」のように具体的な表現をしましょう。専門用語だけでなく、文章を読んですぐに意味が取れないような書き方はＮＧです。

②数字を使わない：「1年間で体重を10キロ落とす」ではなく、かわりに「20代のころに買ったジーンズをはけるようにする」といった表現を使うほうが効果は高くなります。もちろん自分の達成度を知るためには数字も大切ですが、この段階では、あくまで具体性のほうを重視しましょう。

❹リバースプランニング

このステップでは、目標達成までのサブゴールと期日を設定します。しかし、普通に現在から未来に向かって計画を立てるのではなく、最終の目標イメージから現在にさかのぼる形で短期目標を決めてください。

例：目標イメージ「企画書を上司に出してスッキリ」
リバースプランニング「企画書を出す1日前に文章の見直し」→「3日前までに文章の作成をする」→「5日前までに解決策の発案をする」→「7日前までにリサーチを終える」

例：目標イメージ「毎日のランニングで体力を増やす」
リバースプランニング「3ヶ月後までに累計100km走る」→「1ヶ月後までに25km は走る」→「14日後までに累計10km は走る」

いくつのサブゴールを作るべきかに明確な基準はありませんが、だいたい最終期日までに3〜5つのマイルストーンを設定するのが一般的です。目標の達成まで1年以上かかりそうなときは、2〜3ヶ月おきに小さな目標を決めてください。

「サブゴール」の効果については説明不要でしょう。明確な期限がわからないと、抽象性を嫌う獣が反発してモチベーションは低下します。

さらに、ここで「ゴールから時間をさかのぼる」という要素を組み込むと、また別の効果が現れます。「抽象的なものを嫌がる」という獣の問題点が、ある程度まで緩和されるのです。

目の前の報酬にしか興味がない獣にとっては、「遠い未来」は具体性を欠いた薄ぼんやりした概念に過ぎません。締め切りが目前に迫るまで集中力が上がらない人が多いのは、「遠い未来」の抽象性に獣が興味を示さないからです。

そのため、現在から未来に向けてサブゴールを作ってしまうと、獣はあたかも将来が遠くなっていくかのような感覚を覚え、やる気を失ってしまいます。一方で、未来から現在に向けて目標を逆算した場合は、獣があたかも報酬が目の前に近づいてきたかのように錯覚。その結果、モチベーションが上がりやすくなります。

いくつかのデータによれば、「リバースプランニング」は複雑な目標に使ったほうが効果を得やすいようです（4）。資格テストの準備や大きなプロジェクトの進行、食習慣の改善など、達成までの道のりが長いタスクに使ってみてください。

❺デイリータスク設定

「リバースプランニング」で決めたサブゴールのなかから、もっとも締め切りが近いものを選び、それを達成するために毎日やるべきタスクをいくつか考えてください。

例：サブゴール「7日前までにリサーチと分析を終える」
デイリータスク「くわしそうな人に話を聞く」「文献サイトから必要な資料を集める」「集めた資料を読み込む」など

例：サブゴール「14日後までに累計10㎞は走る」
デイリータスク「トレッドミルで1㎞走る」「いつものコースを2㎞走る」など

ゴールまでの作業を細く分けるのはタスク管理の基本。どこまで細かいステップに分けるべきかに科学的なコンセンサスはないものの、ざっくり「数分から1時間で終わるレベル」ぐらいを目指すといいでしょう。

基本設定は以上です。このワークシートは1回書いたら終わりではなく、プロジェクトの進み具合によっては定期的な修正が必要なので注意してください。

なかでもよく起きるのは「デイリータスク設定」の修正です。集中力が出ない人の多くは、このステップで細分化のレベルを間違えているケースがしばしば見受けられます。

そんなときは、いったん「デイリータスク設定」にもどって、ひとつの手順をさらに細かく分解しましょう。もし「企画の概要を箇条書きで書く」という作業に集中できなかったなら、「資料から使えそうな情報を抜き出す」→「抜き出した情報を箇条書きにまとめる」といったように、ひとつのタスクを2〜3つに分解するわけです。

タスクを小分けにするほど作業の難易度は下がり、そのぶんだけ獣も「報酬の予感」を維持しやすくなります。何度か調整を行い、最適な難易度を探してみてください。

報酬感覚プランニング#❷「実践設定」

第二段階では、基本設定でリストアップした「デイリータスク」を実際にこなすための作業を行いましょう。数分から数時間で終わるような短期間のタスクしか扱わないいため、このワークシートは毎日のように使うことになります。

❶デイリータスク選択

基本設定で考えた「デイリータスク」のなかから、「その日のうちに手をつけねばならないもの」や「最長でも2〜3時間で終わりそうなもの」だけに的を絞り、3〜5つほどピックアップしてください。

「デイリータスク」はいくつ選んでもいいのですが、あまりに多すぎると獣が混乱をきたしますし、第1章でも述べたとおり調教師は3つ以上の情報を一気に処理できません。とりあえず1日の作業は最大でも5つまでに収めておき、時間があまったらそのたびにつけたすのが無難です。

❷障害コントラスト

選んだデイリータスクを達成する際に、発生しそうなトラブルを書き出します。

たとえば「トレッドミルで1㎞走る」というデイリータスクであれば、「仕事で疲れてやる気が出ない」「ついテレビを見てしまう」といったように、ゴールのジャマになりそうなものを最低でもひとつは考えてみましょう。
障害が思いつかない時は、次の質問の答えを考えてみてください。

- **どんな考え方が目標の達成をさまたげているのか？**
- **どんな行動が目標の達成をさまたげているのか？**
- **どんな癖や習慣が目標の達成をさまたげているのか？**
- **どんな思い込みが目標の達成をさまたげているのか？**
- **どんな感情が目標の達成をさまたげているのか？**

このステップで使ったのは、「心理対比」と呼ばれるテクニックです。20年におよぶデータの蓄積を持つ技法で、目標に取り組むモチベーションを高め、作業の集中力を上げる働きを持ちます。

その効果は驚くべきもので、普通に目標を立てたときに比べ、ゴール達成度の上昇率はなんと200〜320％以上（5）。手軽なわりにはかなりの効果です。

図6　報酬感覚プランニング　実践設定シート

1. デイリータスク選択	(Q. 基本設定ワークシートで考えたデイリータスクのなかから、「その日のうちに手をつけねばならないもの」や、「最長でも2～3時間で終わりそうなもの」だけに的を絞り、3つ～5つほどピックアップしてください)
2. 障害コントラスト	(Q. 上記のデイリータスクを達成する際に、発生しそうなトラブルを書き出してください)
3. 障害フィックス	(Q. 2で書き出したトラブルに対して、あなたが取れそうな対策を考えて書き込みましょう)
4. 質問型アクション	(Q. 1で選んだデイリータスクについて、それぞれ次のフォーマットに変換してください) **[自分の名前] は、[時間] に [場所] で [デイリータスク] をするか?**
5. 現実イメージング	(Q. 4の質問型アクションを達成するまでのプロセスを、できるだけリアルに頭のなかに思い描いてください)
6. 固定式ビジュアルリマインダー	4の質問型アクションを思い出させるものを、目に見える場所に置きましょう。

「心理対比」がここまで効果的なのは、獣が「脳内のイメージと現実を区別するのが苦手」な特徴を持つからです。獣は目の前で起きた現実と脳内の情報を同じように扱い、両者のあいだに明確な区別をつけません。

この特徴は、集中力アップにとって諸刃の剣になります。

プラスの側面は、もちろんモチベーションの向上です。「リバースプランニング」の項で説明したとおり、獣は具体的なイメージに強くひきつけられるため、その分だけエネルギーが出やすくなります。

が、その一方で、具体的なイメージに接した獣は、次のように考えてしまう危険性もはらみます。

「もう目標を達成したから何もしなくていいだろう」

ゴールまでの道のりをくわしく想像したせいで、獣がすでに目標を達成してしまったかのように勘違いしたわけです。

心理学的には「ポジティブ思考の罠」と言われる状態で、果たして獣の反応がプラスとマイナスのどちらに転ぶかは事前に読めません(6)。「理想の未来を思い描こう!」や「根拠のない自信を持とう!」といった自己啓発系のアドバイスが失敗に終わりやすいのも、同じようなメカニズムが働くのが原因です。

「心理対比」は、この問題を解決してくれます。意図的にトラブルの発生をイメージしたおかげで、獣は「まだゴールには着いていないのだな」と認識し、そのおかげで前に向かうモチベーションを取り戻してくれるからです。

ポジティブ思考を使うときは、必ずネガティブ思考をセットにしてください。

❸ 障害フィックス

前のステップで想定した障害に対して、あなたが取れそうな対策を考えて書き込みましょう。

例：障害「スマホの通知で気がそれる」→対策「スマホの通知をすべて切る」
障害「とにかくやる気がわかない」→対策「とりあえず5分だけ作業に手をつけてみる」
障害「エクササイズをサボってしまう」→対策「サボったら友人に罰金を払うと事前に決めておく」

このステップは、「心理対比」を補強するために行います。

スロットマシンの例で見たように、獣はものごとが順調に前に進む状態が大好物。ゴールに向けて細かい達成感を次々と味わえないと、急にやる気を失ってしまいます。要するに、獣のモチベーションを保つにはトラブルの発生を想定しておく必要があるものの、その障害がいざ現実になったら、今度は獣がヘソを曲げてしまう可能性があるわけです。

この事態をふせぐには、トラブルの予想と対策をセットで考えておくしかありません。なんともめんどうな話ですが、これればかりは諦めてください。獣を正しく世話するには、それだけの手間が必要なのです。

❹ 質問型アクション

最初のステップで選んだ「デイリータスク」について、それぞれ「質問型アクション」を設定します。デイリータスクの内容を、次のフォーマットに変換してください。

・［自分の名前］は、［時間］に［場所］で［デイリータスク］をするか？

具体例を見てみましょう。

・デイリータスク：企画書の文章の見直しをする
質問型アクション：山田太郎は、午前9時に会社の自分の席で企画書の見直しをするか？
・デイリータスク：2kmのランニングをする
質問型アクション：鈴木一郎は、午後7時にジムで2kmのランニングをするか？

自分の名前はフルネームで書いても構いませんし、おなじみのニックネームがあればそちらを使ってもいいでしょう。とにかく、自分自身に向けて書かれた質問文だとわかれば問題ありません。

わざわざタスクを質問形式に変えるのは、「問いかけ行動効果」と呼ばれる心理現象にもとづいています。その名のとおり、宣言文よりも質問文のほうが影響力が強いという事実を表す専門用語です。

これは過去40年のあいだに何度も妥当性が確認されてきたテクニックで、51の先行研究をまとめたメタ分析では、「宣言文よりも質問文のほうが行動を変える力を持ち、その作用は6ヶ月が過ぎても続く」との報告が得られています(7)。その効果は疑いようがありません。

「質問型アクション」で集中力が上がるのは、質問文のほうが、獣へ訴えかける力が強いからです。

たとえば「明日はランニングをする」というタスクを見た場合、獣は文章の意味を理解はしてくれるものの、いまいち〝自分ごと〟としてはとらえきれません。それだけで文章が完結しているせいで、受け手に働きかける力が弱いからです。特に日本語は主語を省くことが多いため、その傾向がさらに強くなります。

一方で「明日はランニングをするのか?」という質問文には、こちらのアクションをうながす要素がふくまれます。そのせいで質問を投げられた獣は反射的に答えを探し始め、あなたが意識しないうちに「明日のランニング」は自分ごとに変わるのです。

さらに、デイリータスクに「時間」と「場所」を設定したのは、「実行意図」という技法を使っています。特定のタスクについて、いつ、どこで、どのように実行するつもりかを書き出す手法のことで、数百件の研究で効果が実証された定番のテクニックです。

94の先行研究を精査したメタ分析によれば、「実行意図はゴール達成にd+ = 0.65の効果量を持つ」とのこと(8)。ここまで取り上げてきたテクニックと比べても、トップクラスの数値です。

デイリータスクに「時間」と「場所」を決めておかないと、獣は自分が行動を起こすべきタイミングを理解できず、できるだけ実行を後にひきのばそうとします。「いつどこで」がわからない作業は、獣にとっては抽象性が高すぎるからです。

この問題を解決するためにも、必ずすべてのタスクに「実行意図」を設定しておきましょう。

❺ 現実イメージング

質問型アクションを達成するまでのプロセスを、できるだけリアルに頭のなかに思い描いてください。

例：質問型アクション「鈴木一郎は、午後7時にジムで2㎞のランニングをするか？」

現実イメージング「自宅の玄関でランニングのシューズを用意する自分」→「近所のコンビニ前を通って近所のジムに向かう自分」→「ジムのトレッドミルで時速6キロに設定して10分だけ走る自分」

質問型アクション「山田太郎は、午前9時に会社の自分の席で企画書の見直しをするか？」

現実イメージング「必要な資料のファイルをひとつのフォルダにまとめる自分」→「いつものエディタを起動してフォーマットを開く自分」→「まずはざっと概要を読み流す自分」→「文章を修正する自分」

このステップは、特に書き出す必要はありません。大事なのは、どこまで具体的にプロセスを想像できるかどうかです。

「日が沈みかけた夕刻にランニングシューズを用意したら外に出て、新刊の雑誌が並ぶ明るいコンビニの前を通ってジムへ。その扉をくぐって専用ラックにバッグを置き、いつものトレッドミルで走り出す……」

ゴールまでのステップを脳内でリアルに思い描くほど、集中力アップの効果は高まります。リアルなイメージのおかげで猷がゴールまでの手順を簡単に理解でき、たんにタスクを書き出すよりもモチベーションを発揮しやすくなるからです。

26の先行研究をまとめたメタ分析によれば、実行意図に現実イメージングを組み合わせると、ゴールの達成率は効果量「d+ = 0.23」のレベルでアップします(9)。劇的な効果とまでは言えないものの十分に高い数値です。

どこまでクリアに想像するかは時間との相談になりますが、イメージのディテールが細かくなるほど集中力は上がります。「トレッドミルで走るときの足の裏の感覚」や「企画書を作る最中に聞こえる周囲のノイズ」など、五感に訴えるような情景を細かく頭に浮かべてみてください。

❻ 固定式ビジュアルリマインダー

最後に、ダメ押しでリマインダーを設定しましょう。獣は目の前のものにしか反応しないため、定期的に「質問型アクション」のことを思い出させてやらないと、すぐに忘れてしまいます。

リマインダーの手法は何でもよく、スマホのアプリを使ってもいいですし、手帳に書き込んでも構いません。それよりも大事なのは、リマインダーをつねに目に入る場所に置いておくことです。

序章で見たように、獣の注意は簡単にうつろいます。仕事をしていたはずが、ふとネットで見かけた有名人の写真に注意をひかれ、なんとなく名前を検索して見つかったWikipediaを読み始め、気がついたら1時間が過ぎていた……。

なんともおなじみの状況ですが、このようなトラブルを解決する妙薬はなく、つねにリマインダーを目の届く場所に置いておくしか手がありません。つまりリマインダーとは、作業のスタートを思い出させる機能よりも、いったん気がそれた獣の注意を引きもどす働きのほうが重要なのです。

その点で、スマホのリマインダーやToDo系アプリなどは、つねに目の前に置くようにはデザインされていないため、獣の注意をもどすために使うのは難しいでしょう。筆者の場合は、タブレット端末のカレンダーアプリに「質問型アクション」を登録し、作業用モニタの下で表示させています。

デジタル機器を使いたくないときは、「報酬感覚プランニング」の実践設定ワークシートを目のつく場所に置いておくのもいいでしょう。もし作業中に気がそれても、質問型アクションの文章が目に入れば、獣は本来の作業にもどりやすくなります。

と同時に、ここで取り入れて欲しいのが「視覚的な要素」です。文章だけのリマインダーでもそれなりに効果はありますが、視覚に訴えるような要素を組み込むと、さらに効果は高くなります。

これはハーバード大学があきらかにしたテクニックで、研究チームは、まず被験者に「文字だけのリマインダー」と『「トイストーリー」』のキャラクターをあしらったリマインダー」の2つを提示。そのうえでアンケートへの記入を忘れないように言いわたしたところ、両グループには大きな差が見られました(10)。

文字だけのリマインダーを使ったグループのタスク達成率が78%だったのに対し、キャラクター入りのリマインダーを使ったグループは92％が作業をやりとげたのです(10)。

文字で書かれたリマインダーは抽象性が高いため、どうしても獣が内容を理解するスピードは遅くなります。一方でわかりやすいイメージには獣の注意が向きやすく、気がそれたタスクへの復帰が容易になります。

「視覚的な要素」の中身はなんでも構いません。好きなキャラクター、愛するペットの写真、お気に入りのイラストなどを、自由に選んでください。

報酬感覚プランニング#❸「即効簡易版」

「報酬感覚プランニング」は、数週間から数年におよぶ中長期のゴールに取り組むためのテクニックです。

最後までやれば確実に集中力は高まりますが、短期的な作業に取り組むにはやや煩雑でしょう。明日までの書類作りを急に頼まれたようなケースなどでは、もう少しシンプルなバージョンを使うのも手です。

図7　報酬感覚プランニング　即効簡易版シート

1. 理想イメージング	(Q. 目の前のタスクを達成したら、どのようなポジティブなことが起きるかを想像して書き出してください)
2. ポジティブ選択	(Q. 1であげたメリットのなかから、もっとも自分にとってポジティブなものをひとつだけ選んでください)
3. 障害コントラスト	(Q. そのタスクを達成する際に、起きそうなトラブルをいくつか想像して書き出してください)
4. ネガティブ選択	(Q. 3で書き出したトラブルのなかから、もっとも自分にとってデメリットが大きいものを選びましょう)
5. 質問型アクション	(Q. 最後に、あなたがすべきタスクを次のフォーマットに落とし込んでください) [自分の名前] は、[時間] に [場所] で [デイリータスク] をするか?

ステップ❶ 理想イメージング

目の前のタスクを達成したら、どのようなポジティブなことが起きるかを想像して書き出します。たとえば「明日までに書類を作る」というタスクだったら、「達成感が得られる」「上司にほめられる」「緊急の仕事でもこなせる自信がつく」など、思いつくままにリストアップしましょう。

ステップ❷ ポジティブ選択

ステップ1であげたメリットのなかから、もっとも自分にとってポジティブなものをひとつだけ選んでください。それぞれのメリットを頭のなかでくわしくイメージして、一番ポジティブな気分になったものをピックアップすればOKです。

ステップ❸ 障害コントラスト

そのタスクを達成する際に、起きそうなトラブルをいくつか想像して書き出してください。「明日までに書類を作る」というタスクだったら、「同僚が急に話しかけてくる」「最新ニュースが気になってサイトをチェックしてしまう」「ついSNSをチェックしてしまう」などの障害をリストアップしましょう。

ステップ❹ ネガティブ選択

ステップ3で書き出したトラブルのなかから、もっとも自分にとってデメリットが大きいものを選びましょう。それぞれのトラブルを頭のなかでくわしくイメージして、実際に起きそうなものをピックアップしてください。

ステップ❺ 質問型アクション

最後に、あなたがすべきタスクを「質問型アクション」のフォーマットに落とし込めば終了です。「山田太郎は、午前10時に会社で書類を作るか？」のようにタスクを変換したら、書き込んだ文章をつねに目につくところに置いておきましょう。

これで簡易バージョンは終了です。「報酬感覚プランニング」で採用したテクニックのなかから短期的な効果が高いものだけをまとめているため、これだけでも集中力の向上は望めます。

もちろん「報酬感覚プランニング」のフルバージョンを使う前のトレーニングとして、しばらく簡易バージョンを試すのもありです。何度か簡易バージョンを使って「心理対比」や「実行意図」の効果を実感できたら、さらに上位版に進んでください。

本章の最後に大事な注意点をひとつ。「報酬感覚プランニング」は現時点で最良のテクニックですが、すべてを完全にこなした場合でも、絶対に「ヤバい集中力」が発揮できるとは限りません。私たちの集中力は、獣と調教師の細かいバランスの上に成り立っており、いとも簡単に崩壊するものだからです。

とはいえ、やるしかないでしょう。

ゲームやネットにふけってばかりの人生とは他人から獣を操られ続けることに他ならず、そこにあなたの本当の自由は存在しません。それが嫌なら、すべてを自分でコントロールする以外に道はないのです。

第 **3** 章

Chapter 3

儀式を行う

～毎回のルーティンで超速集中モード～

1

一見ムダな「マイ儀式」に隠された効果が次々に明らかに

試験前に「指を10回鳴らす」だけで成績が21％アップ

古来、人類は様々な儀式を行ってきました。多くの農耕社会でいまも行われる厄除けの行事やユーラシアの諸民族に伝わる守護神を祝う祭りなど、世界を探せば儀式の事例はいくらでも見つかります。

その起源は定かでないものの、すでに原始時代にはネアンデルタール人が死者をとむらう葬送の礼を行っていたとの報告があり、人類と儀式は切っても切れない関係にあったようです。私たちは長年にわたって、あるときは儀式を通じて神とのアクセスを試み、またあるときは仲間たちとの絆を確かめてきました。

もちろん、現代でもその重要性は変わりません。いまも行われる結婚式や葬式、初詣でなどの伝統行事はもちろんですが、本章で注目したいのは、自ら編み出したオリジナルな儀式の効用についてです。

たとえば、ロケットの打ち上げ前には必ず庭に木を植えるロシアの宇宙飛行士、赤いポロシャツでつねにトーナメントの最終日に挑むタイガー・ウッズ、午後に必ず3時間の散歩をしたチャールズ・ディケンズ——。自分だけが実践する「マイ儀式」を守り抜く人は、どの世界にも少なからず存在するでしょう。

これをただの迷信と斬って捨てるのは簡単ですが、実は現代の科学では、マイ儀式の有用性が認められつつあります。上海大学が行った、肥満に悩む女性93人を対象にした実験を見てみましょう（1）。

実験では、すべての被験者に「1日1500kcal以内の食事」を守るように指示。そのうえで全体を2つのグループに分けました。

①ながら食いをせずに食事に集中して食べる

②「儀式」を行った後で食事をする

1番目のグループが行ったのは、「マインドフル・イーティング」という食事法です。テレビやスマホなど他のことには注意を向けず、ただ目の前の食事に集中するテクニックで、先行研究によれば、食べ物をしっかりと味わうだけでも摂取カロリーが自然と減ることが確認されています(2)。近年では肥満外来などでも取り入れられつつあるテクニックです。

一方で2番目のグループには、研究者が考えた「食事前の儀式」を守るように指示が出されました。

ステップ1：食べる前に食品を小さくカットする
ステップ2：小さくカットした食品を皿の上に「左右対称」に並べる
ステップ3：食品を口に運ぶ前に、フォークやスプーンで皿を軽く3回押す

当然ながら、この儀式には食欲を減らすような魔法の効果などなく、タイガー・ウッズの赤シャツに似た迷信じみた行為でしかありません。こんな作業を行ったところで、何かが変わるはずもないはずです。

ところが、結果は違いました。**「儀式」を使ったグループは、「マインドフル・イーティング」を行ったグループより摂取カロリーが20%も少なくなり、さらには野菜やフルーツなどの健康的な食事を選ぶ確率が増えたのです。**

研究チームは他にも類似の実験をしており、たとえば「食べる前に机の上を軽くノックする」や「チョコを口に運ぶ前に目を閉じて3秒数える」といった謎の儀式を行った場合でも、やはり被験者のセルフコントロール能力は高まり、より健康的な食事を選ぶ確率が上がりました。

ここ十数年で同様の研究は増加を続け、ゴルファーがボールにキスをする仕草をしたらパットの確率が38%も上がった事例や、認知テストの前に指を10回鳴らしたら成績が21%アップした実験など、複数の報告がなされています(3)。

どうやら、パッと見は無意味としか思えない謎の「儀式」にも、ただの迷信とは言い切れない〝なにか〟があるようです。

原始のリズムが人間を生かしてきた

科学の世界においては「儀式」にまとまった定義はありませんが、心理学ではおおよそ次のような意味でとらえています。

- **「厳格さ」と「反復」という2つの特徴を持つ、あらかじめ決められたプロトコル**

なんらかの明確なルールにもとづき、ひたすら同じことをくり返すのが「儀式」の大きな特徴です。目標に対する直接的な影響があるかないかは関係がなく、決まったプロトコルの反復があれば、それは「儀式」と判断されます。

それでは、なぜ「儀式」には、人間のセルフコントロールや認知機能を高める働きがあるのでしょう？　言い換えれば、非合理にしか見えない行動を取ることにより、なぜ獣のパワーは制御しやすくなるのでしょうか？　答えを探るために、いったん原始の暮らしを想像してみましょう。

私たちの祖先が暮らした数十万年前の環境は、まことに不確実性に満ちた世界でした。狩りに出ても獲物が見つかるとは限らず、気まぐれな天候の移り変わりにはなすすべもなく、いつ謎の疫病に襲われるかもわかりません。つねに豊富な食料が手に入り、家屋で雨風をしのげる現代とはまったく異なる環境です。

そんな先行きが見えない状況を生き抜くべく、原始の人類は、あるシンプルな指標に目をつけました。

それが、「反復」です。明日をも知れぬ原始の環境で確実にカロリーを手に入れ、猛獣や伝染病の危険から身をかわすためには、生体や自然環境が織りなす特定のリズムに注目するしかありません。

同じ時期に同じ場所で果実を実らせるバオバブの木、特定のエリアを一定の周期で回遊するオオカモシカ、特定の季節にパンデミックをくり返す感染症——。

不確定性が高い環境では、同じタイミングで何度も目の前に現れる事象に注目し、より正確な予測を立てられた者だけが生き残ります。抽象を嫌う獣は、「反復」を具象のサインだととらえたわけです。

その結果、獣の内部には「反復」に強く反応するセンサーが備わりました。何度もくり返されるものに魅力を覚え、「反復」に対してモチベーションを高めるようなプログラムが実装されたのです。

「反復」でいい方向にセルフ洗脳しよう

「報酬の予感」が私たちにとって諸刃の刃だったように、「反復」もまた現代人には善にも悪にも働きます。

善の代表例は音楽でしょう。一定のリズムと旋律をくり返す音楽の特性は人間の反復システムを刺激し、共同体の結束やモチベーションの向上、ストレスの解消といった種々のメリットをもたらします（4）。

他方で「反復」が問題となるのは、プロパガンダやフェイクニュースの場面です。

人間の脳はよく見かけるものは事実に違いないと思い込む傾向があり、昔から宗教や政治の世界で広く使われてきました。たとえば、ナチスの宣伝相だったゲッベルスは次のように語っています。

「宣伝は必ず単純で反復的でなければならない。世論に影響を与えるのは、問題を単純な言葉に変えてくり返すことができる勇気ある人物だけだ」

この言葉どおり、ナチスのプロパガンダが類のない成功を収めたのは周知の事実。どれだけファクトにもとづかない言葉でも、何千回となく見せつければ真実に変わる、というわけです。

困ったことに、近年の実験心理学では、いくら知性が高かろうがフェイクニュースにはダマされてしまうこともわかってきました(5)。脳の情報処理スピードや分析力が高くてもフェイクニュースからは身を守れず、どんな知識人だろうが「反復」が行われれば真実だと受け取ってしまうのです。

このメカニズムは、人類史に様々な迷信を生んできました。現代でも行われ続ける厄除けの儀式や、オーラや引き寄せといったスピリチュアル的な思考、ホメオパシーやセラピューティックタッチなどの代替療法は、いずれも人間の理性が簡単にバイパスされてしまう証拠です。

なんとも悩ましい事実ですが、逆に言えば「反復」が獣におよぼすパワーを使わない手はありません。ナチスのプロパガンダのように他者からの介入で獣を操られていたら、いつまでたっても集中力の主導権は握れないでしょう。

この問題を防ぐには、自分自身で「反復」の内容を定め、いくどとなく己を洗脳していくのがベストです。あなたなりの「マイ儀式」を作り、反復が生み出す獣のパワーを良い方向に導いていきましょう。

2 ドーパミンを出す儀式で1日中捗りまくり！

「マイ儀式」づくりの2条件

先の研究でも見たとおり、あなたの獣はどのような無意味な儀式にでも反応します。テニスのラファエル・ナダルがいつも2本のボトルから交互に水を飲むように、陸上のミシェル・ジェネクが試合前に不思議なダンスを踊るように、実際のタスクには直接的な関わりがない動作でも構いません。

儀式を作る際に大事なのは次の2点です。

①「この動作をしたら大事な作業に取り組む」と決めておく

②決めた手順を何度もくり返す

このポイントを満たす限り、どんな内容でも効果は見込めます。「ガムを噛む」や「ペンを10回まわす」などのように、適当に決めた動作を「儀式」として使うのもありでしょう。どのような手順を採用するかは、あなたの自由です。

が、どうせならば無意味な手順だけではなく、現実の役に立つ作業を「儀式」に組み込むべきでしょう。そのほうが獣を動かす作用が強まり、最終的に集中力も上がりやすくなります。

実効性が高い「儀式」を作る方法を見ていきましょう。

朝イチは簡単なタスクから手をつけると集中力が加速する

大事な勉強をしなければならないのに、なんとなく不要なメールの返信に集中したり、YouTubeを見続けたりしてしまう……。

誰にでも起こり得るこのような現象を、心理学の世界では「達成バイアス」と呼びます。長期的で重要なタスクよりも、短期的で重要度が低いタスクに意識を集中させてしまう現象のことです。

「達成バイアス」が集中力におよぼす悪影響は言うまでもありません。

アメリカの病院から約4万件におよぶ治療データを集めた研究では、1日の患者数が増えるごとに医師たちの達成バイアスが激増。バイアスにとりつかれた医師は、症状が軽い患者を優先し、重病な患者を後回しにしたそうです(6)。

身に覚えのある人は多いでしょう。仕事は山積みなのについ部屋の掃除を始めたりマンガを読みふけったりと、手近なタスクに集中力を使ってしまうのはよくある話。私たちのなかには、忙しくなるほど大事な仕事から目をそむけたくなる心理システムが備わっているのです。

そのため、昔からビジネス書の世界では「難しい作業から先にやるべし！」といったアドバイスがなされてきました。難易度が高いタスクをはじめに終えてしまえば、あとはリラックスして残りの作業に取り組めるからです。「まず、朝一番にカエルを食べろ！（＝難しくて大変な仕事から手をつけよ）」と主張するブライアン・トレーシーの著作などが代表的な例でしょう。

感覚的には説得力があるアドバイスですが、実はここ数年は、「達成バイアス」を正しく使ったほうが集中力が高まるとの報告が増えてきました。難しい作業から手をつけるのではなく、メール返信のようなタスクを先にしたほうが、最終的な成果は上がりやすくなる、というのです。

ハーバード・ビジネス・スクールの研究を見てみましょう。

研究チームは、さまざまな業種から５００人のビジネスパーソンを集め、３つのグループに分けました（６）。

①朝に1日のタスクをすべて書き出し、重要で大変なタスクから作業をこなして

いく

②朝に1日のタスクをすべて書き出してリストの順番どおりにこなしていき、ひとつの作業を終えたらチェックを入れる

③朝に1日のタスクをすべて書き出し、簡単なタスクをリストの先頭にまとめ、その順番どおりに作業を進める

その後、すべての被験者の仕事ぶりを記録したところ、タスクの達成量がもっとも多かったのは3番目の「達成バイアス」を使ったグループでした。1日の最初に簡単なタスクをこなした被験者はみんな集中力が上がり、最後には仕事への満足感も改善したというから、すばらしい成果です。

「達成バイアス」で集中力が上がるのは、脳内ホルモンの分泌が大きな原因です。

第一に、簡単なタスクをこなすとその時点で獣は大きな達成感を覚え、脳内にドーパミンという神経伝達物質が大量に放出されます。

ドーパミンには注意力やモチベーションを引き出す働きがあるため、タスクを終えた直後からあなたの集中力は一気に増加。その勢いが次のタスクにも影響を与えて、最終的な成果も上がりやすくなります。「達成バイアス」のおかげで、集中力がキャリーオーバーされたわけです。

1日のはじめに行うタスクはなんでも構いませんが、メール返信や請求書の作成のように、5分前後で片がつくようなものを選んでください。それに加えて、日常の業務が少しだけでも前に進むようなタスクならベストです。

たとえば、第2章「報酬感覚プランニング」で取り上げた「デイリータスク選択」（99ページ）で書き出した作業のなかから「すぐに達成できそうなもの」をピックアップし、1日のはじめに持ってくるのもいいでしょう。それだけで、「達成バイアス」は獣のパワーブースターとして働いてくれます。

「できた！」を繰り返し記録して達成グセをつける

正しい儀式を作るふたつめの方法は、「記録」です。

日記、ブログ、家計簿、体重の変化など、記録の内容は問いません。なんらかのデータを定期的に残し続ける行為は、いずれも集中力アップの儀式として機能してくれます。

「集中力アップのために家計簿をつけましょう！」と言われてピンと来る人は少ないでしょうが、すでに複数の研究がその効果を示しています。

たとえば、ある実験では、被験者たちに家計簿サイトを使って日々の支出を記録するように指示。4ヶ月後に認知テストを行ったところ、家計簿を細かくつけた人ほど主観的なストレスが減り、普段の仕事にも気を散らさずに取り組めるようになっていました(7)。記録をつけただけで集中力が上がるというのだから、なんとも不思議な現象でしょう。

このような現象が起きるのは、「達成バイアス」の項でも見たドーパミンが大きな理由のひとつです。記録のように簡単なタスクは獣に手頃な達成感を与え、集中力をブーストしてくれます。

しかし、ここでさらに大きなポイントは「自己効力感」です。記録の継続には、あなたのなかに「自分はできる人間なのだ」との感覚を増やす働きがあるのです。手短にメカニズムを説明しましょう。

まず、どんなに小さな記録だろうが、ひたすら長く続けるうちに、獣が「この作業はとても大事なことに違いない」と思い始めます。少し前に紹介した「反復の法則」が働き、最初はなんとも思わなかった記録の内容が重要性を増した状態です。

さらに、ここから何度も記録をくり返すと、より興味深い変化が起こります。獣のなかに、「これだけ大事なことをしっかり続けられたのだから、自分には高い能力があるに違いない」という感覚が育つのです。記録の継続があなたの自信を高め、その感覚が日々の仕事に取り組む意欲を高めてくれたわけです。

事実、先の研究でも、家計簿をつけたグループには自己効力感の増加が確認されています。こんなことで獣の感覚を誘導できるのだから、ぜひ試すべきでしょう。

記録する内容は、どうせなら集中力の向上に役立つデータを残したいところです。1章で取り上げた「MINDスコアボード」や2章の「報酬感覚プランニング」などは、どれも記録のトレーニングにうってつけでしょう。

また、よく言われることですが、ゴールまでの進捗状況を記録するのも非常に良い方法です。リーズ大学によるメタ分析では、作業の進み具合を記録した場合、目標の達成率は「d+ = 0.40」の効果量で高くなるとのこと(8)。劇的な効果とまではいかないものの、十分に試す価値があるレベルです。

ゴールまでの進捗状況を記録するときは、次のポイントに注意してください。

①行動を変えたいときには、自分がとった行動だけを記録する
②結果を出したいときには、結果への過程だけを記録する

たとえば、減量を目指す人が食事の内容を記録すると、ダイエットが失敗に終わる確率は高くなります。「減量」という結果を目指したはずなのに、「食事」という行動の内容を記録したからです。

体重を減らすのがゴールなら、体重計の記録に集中するのが基本中の基本。逆に食事の習慣を変えたいなら、食べた物を記録したほうが効果は高くなります。もう少し例を挙げてみましょう。

- **貯金を殖やしたければ、貯金額の増減だけを記録する**
- **タバコを止めたければ、タバコを吸わなかった日数だけを記録する**
- **運動を続けたければ、ジムに行った日数だけを記録する**

ここを間違えると記録の効果は激減します。記録をつけるときは、必ず行動と結果の対応を取ってください。

記録の効果が出るまでの目安は最低でも2ヶ月です。即効性はないテクニックなので、数日で効果を実感できなくても諦めずに続けましょう。

3

「小さな不快」で獣を刺激する

8～9割の確率で耐えられる我慢が、心を強くする

記録に慣れたところで新たな儀式のタネとして導入して欲しいのが、「小さな不快」の要素です。

「小さな不快」とは、あなたの体と心に軽い負荷を与えるようなものごとを指し、具体

的には次のような行為が挙げられます。

- **好きなお酒をちょっとだけ我慢する**
- **利き手ではない方の手でマウスを操作する**
- **背中が曲がっていることに気づいたら背筋を伸ばす**

「そんなことで集中力が上がるわけがない」と思った方も多いでしょうが、それは大間違い。実はここに挙げた事例はすべて、正式な実験で集中力アップの効果が確認されたものばかりです(9)。

代表的な例として、酒と集中力に関するリサーチを紹介しましょう(10)。

これは477人の男女を対象にした研究で、スキンパッチテストで全員のアルコール代謝のレベルを調べたあと、全体を2つのグループに分けました。

①アルコールに強くて酒が好き
②アルコールに弱いが酒は好き

このような調査をしたのは、「アルコールに弱いが酒は好き」な人たちは、普段から「小さな不快」を耐えている可能性が高いからです。生まれつき酒に弱ければ、「もう一杯飲みたい」と思っても我慢するしかありません。この違いが被験者の集中力に差をもたらすのではないかと、研究チームは考えたわけです。

その後、全員に集中力テストを行ったところ、両グループには明確な差が現れました。定期的に酒の誘惑に耐えている人ほど目先の欲望に流されにくく、注意をそらさずタスクへ取り組む傾向が強かったのです。

この結果が示すのは、普段から小さな忍耐を積み重ねておけば、まったく違うシチュエーションでも集中力が出やすくなるという事実です。好きな酒を少しだけ耐えたり、慣れない動作でマウスを操作したりと、一見すると何の意味もなさそうな日常の我慢が、あなたの集中力の土台を底上げしてくれます。

「小さな不快」で集中力が上がるのは、先の「記録」で見たメカニズムと同じように、自己への信頼感を育む働きがあるからです。

日常的に小さな我慢をくり返していると、少しずつ獣のなかに「自分には未来の結果を左右する力があるのだ」との感覚が生まれます。「誘惑に耐えた」という小さな成功体験のおかげで、人生のコントロール感覚が高まった状態です。

この新たな感覚が「未来の成功を左右するのは自分なのだ」との認識につながり、そのぶんだけ目の前の誘惑に耐えようとするモチベーションが上昇。結果的に集中力がアップしていきます。

言い換えれば、「小さな不快」とは心の筋トレのようなものです。一時的なトレーニングの不快感を耐えないと筋肉が育たないように、精神にもある程度の負荷を与えなければ成長は見込めません。

どのような「小さな不快」を選ぶかは人それぞれです。「夜のお菓子を我慢する」や「新しい物を買ったら何か捨てる」など、なんでもいいのであなたにとって少しだけ忍耐が要求される行動を採用してください。

その際に、もっとも大事なのは「難易度の設定」です。たとえば、「夜はお菓子を我慢する」という不快を選んだとしても、人によってはどうしても耐えられないかもしれませんし、人によっては楽にこなせるレベルなのかもしれません。このラインを間違えると、せっかくの儀式が逆効果になってしまいます。

多くのデータによれば、「不快」の難易度は、成功率が8～9割になるあたりを目指すのがベストです。これより上の難易度だと気持ちがくじけてしまいますし、いつも成功するようなレベルだと獣のトレーニングになりません。大半の場面では耐えられるものの、まれに失敗してしまうような不快さを選ぶようにしてください。

「5のルール」で小さな不快を重ねる

もし適切なレベルの「不快」が見つからないときは、とりあえず「5のルール」を試すのもいいでしょう。カウンセリングの世界などで「先延ばし対策」に使われるテクニックで、基本的なルールは単純です。

- **仕事を止めて休憩したくなったら、あと5分だけ続ける**
- **ふとスマホをチェックしたくなったら、あと5分だけ目の前の作業を続ける**
- **腹筋運動をやめたくなったら、あと5回だけ続ける**
- **読書に集中できなくなったら、あと5ページだけ読む**

作業を止めたくなったら、とにかく5の数を使ってタスクを続けてください。このルールを守るだけでも、あなたの生産性にはかなりの差が出ます。

私たちの集中力は非常にもろく、いったん目の前の作業から気がそれると、再びもとの状態にもどるまでに20～30分の時間を必要とします(11)。この時間が積み重なり、1日のムダが合計3～4時間に達するケースも珍しくありません。

が、そこから「あと5分だけ！」と小さな我慢を積み重ねれば大事な集中力のバランスを壊さずに済みますし、「作業を止めたい」や「スマホを見たい」といった小さな不快感を乗り越えた体験が、やがて獣のなかに自信を育んでいくはずです。

もっとも、なかには「そもそも作業をスタートするのが苦手だ」という人もいるでしょう。第2章で「質問型アクション」や「リマインダーを設定」をしたにもかかわらず、どうしてもタスクに手をつけられないような状況です。

そんなときは、「5のルール」を次のように使ってください。

・状況：「書類を作らねばならないが取りかかれない」←

対策：「頭のなかで5からカウントダウンを始め、ゼロになるまでにとりあえずキーボードを叩き始める」

・状況：「運動したいのに気持ちが上がらない」←

対策：「頭のなかで5からカウントダウンを始め、ゼロになるまでにとりあえずその場でスクワットを始める」

「作業をする気が起きない……」との気持ちがよぎったら、すかさず脳内で「5、4、3、2、1」と心のなかでカウントダウンをスタートし、そのあいだに、とにかくタスクに取りかかってください。これで必ずしも仕事に取りかかれるとは言いませんが、なんの対策も取らずに作業を先延ばしするよりは確実に生産性が上がります(12)。

カウントダウンが効くのは、獣の時間感覚が刺激されるからです。

くり返しになりますが、基本的に獣は遠い未来のタスクに興味を持つことができず、少しでも先の作業はできるだけ後に回そうとします。しかし、5秒のカウントダウンを行うと、獣が「そんなに事態は差し迫っていたのか！」と認識し直し、タスクへの関心を取り戻してくれるのです。

「5のルール」を使う際は、「固定式ビジュアルリマインダー」（110ページ）の要領でつねに目の届く場所に置いておくのがおすすめです。「仕事を止めたくなったら、あと5分だけ続ける」や「作業に取りかかれないときは頭のなかで5からカウントダウン」などと書き出し、視界に入る位置にセットしておきましょう。

4

儀式スタッキングで獣を導き良い習慣を連鎖させよう

どのような儀式でも長く続ければ、リマインダーの助けを借りずに実践できるようになります。反復の効果によって獣が「この行為は重要なことなのだ」と認識をあらため、少しずつ儀式が自動化するからです。獣の内部に新たなアプリがインストールされたような状態と言えるでしょう。

いったんひとつの儀式がインストールされたら、続いて「儀式スタッキング」を試してみてください。スタンフォード大学の行動科学ラボが提唱する手法で、それぞれの儀式に対して、さらに別の儀式を積み重ねていくテクニックのことです(13)。

いくつか例を見てみましょう。

・儀式1「8時になったらデイリータスクのなかから、もっとも簡単にできそうなものを選んで最優先で取り組む」
←
儀式2「簡単なタスクを終えたら、今度はもっとも難しい作業に取り組む」
←
儀式3「難しい作業を終えたら、外に出て10分だけランニングをする」

・儀式1「夕飯を食べ終わったら、15分の瞑想をする」
←
儀式2「15分の瞑想を終えたら、『報酬感覚プランニング』のシートに明日の計

画を書き込む」

←

儀式3「『報酬感覚プランニング』を終えたら、ダラダラせずすぐに寝る」

このように、複数の儀式を次々に重ねていくのが最大のポイントです。つまり、自分なりの「儀式スタッキング」を作る際には、次の文章を穴埋めすることになります。

・「古い儀式」をやり終えたら、次は「新しい儀式」をやる

すでにお気づきでしょうが、これは第2章で取り上げた「実行意図」のアイデアを拡張したものです。「報酬感覚プランニング」では毎日やるべきタスクに「時間」と「場所」の2つを設定しましたが、こちらの場合は、ひとつの儀式を別の儀式のトリガーにしています。

スタッキングを行う際は、すでに身についた儀式のなかに新たな行動を組み込むのも効果的です。たとえば、現時点で「運動をする↓瞑想をする」といった手順が儀式化されているなら、「運動をする→読書をする→瞑想をする」といったように、新たな行動をあいだに挟み込みましょう。

5 儀式は週4回2ヶ月続けると完全に身につく

最後にもっとも気になる点を押さえておきましょう。それは、「ひとつの儀式が完全に自動化するまでには、どれぐらいの反復が必要なのか?」という問題です。果たして、特定の「儀式」を息を吸うようなレベルで行えるようになるまでには、何週間、何ヶ月かかるのでしょうか?

この点についてはまだ決定的なデータはありませんが、2015年にビクトリア大学がおもしろい調査を行っています(14)。研究チームは、フィットネスジムに加入したばかりの男女を12週間ほど観察し、「運動が続いた人と続かなかった人にはどのような違いがあるのか?」を調べました。

分析の結果わかったのは、次のような傾向です。

- **週に4回以上ジムに行った人は、エクササイズが続く可能性がはねあがる**
- **週のジム通いが4回より少ない人は、エクササイズが続く可能性は大きく低下する**

どちらのグループも、調査開始から6週間目までは同じようにエクササイズが続く確率は高まったものの、それ以降に大きな違いが出ました。ジムの回数が週4回に満たないグループは12週間目にかけて再びエクササイズの継続率が低下したのに対し、週4回を超えたグループは6週目を過ぎても数字が上がり続けたのです。

つまり、研究の要点はこうなります。

- **儀式が自動化されるには、最低でも週に4回は行う必要がある**
- **6週目までは徹底的に反復をしないと、それ以降はもとにもどってしまう**

もちろん、この数字はエクササイズに限った話であり、複雑な儀式にはより多くの期間が必要になります。

ロンドン大学が行った別の実験によれば、「朝に水を飲む」ようなシンプルな作業は2〜3週間で身につくものの、「毎日50回ずつ腹筋運動をする」といった難しい行為の場合は最長で254日もかかりました(15)。獣のなかに「儀式」をインストールするには、やはり相応の時間が必要なようです。

とはいえ、複数の研究をざっくりまとめれば、たいていの行動は40〜60日も続ければ身につくとの平均値が出ています。あまり精密な数字を求めても仕方ないので、とりあえずは「ひとつの儀式を週4以上のペースで6〜8週間は行う」と考えておいてください。なんの指標もないよりは、確実にモチベーションが上がります。

獣を動かすための対策は以上です。

本章までの流れをまとめると、まずは正しい食事で獣に栄養を与えて、集中力の土台を作りました。続いて「報酬の予感」をコントロールするテクニックを使って獣のパワーを誘導。最後に複数の「儀式」を作り出して、そのパワーを有効に使うための道筋をハッキリさせました。いずれも科学的に効果量が高いデータにもとづいており、実践すれば何らかの変化を体感できるはずです。

が、ここまでやっても思いどおりには動いてくれないのが獣の難しさ。獣には生まれつき注意散漫のシステムが内蔵されているため、どんな対策を講じても完全なコントロールはできません。

獣ができるだけ集中してくれるようにいったんセッティングを終えたら、その後は望む方向に動いてくれるのを祈るのみ。もし思いどおりに行かなかったら、その失敗が起きた理由を考えながら微調整をくり返すしかありません。

が、私たちにできる対策はこれですべてではありません。一般の「放置ゲーム」は準備を終えたら見守るしかありませんが、獣との「放置ゲーム」では、後からでもプレイヤーの介入が効くからです。次章からは、そのくわしい技法を見ていきましょう。

ここからは、もちろん調教師の出番です。

第 4 章

Chapter 4

物語を編む

～セルフイメージを書き換えて
「やる」人間になる～

1 「なりたい自分になる」ためには物語が効く

神話、伝説、喜劇。古代から続く物語のパワー

調教師の能力を活かすにあたり、まず本章では「物語」について考えていきます。急に話が飛んだように思われるかもしれませんが、実は「物語」こそが調教師が使える最強の武器だからです。

順を追って見ていきましょう。そもそもの前提として、人間にとって「物語」とはなんでしょうか?

カラハリ砂漠でいまも原始的な暮らしを送るサン人を調べた研究によれば、彼らは毎夜、仲間たちと焚き火を囲み、就寝まで延々と語り合います。

その内容は、他人のうわさ話から金銭トラブルの話題まで多岐にわたりますが、その

なかで群を抜いて割合が多かったのは「物語」でした。「リア王」のような暴力に満ちた悲劇や「ボートの三人男」のようなナンセンス喜劇といったあらゆるタイプのエピソードを、サン人たちはすべての会話時間の81％も費やして語りあうのです。

この他にも似たようなデータは多く、一部の人類学者は「人間の文化は夜間の物語によって作られるのではないか？」と考えています。その推測がどこまで正しいかはわからないものの、狩猟採集民の夜語りはもちろん、世界中の人々がいまも映画や小説に多大なリソースを注ぎ込んでいる事実を思えば、人類にとって「物語」が大きな役割を果たしているのは確実でしょう。

それでは、なぜ人間は「物語」を必要とするのでしょうか？　サン人たちが貴重なコミュニケーションの8割をもストーリーテリングに費やす理由は、いったいどこにあるのでしょう？

その理由を考えるために、原始の環境で暮らす私たちの祖先が疫病に襲われ、急な発熱で命を落としたところを想像してみましょう。突然の悲劇を目の当たりにした仲間たちは恐怖におびえ、死の理由を探そうと試みるはずです。

しかし、科学が未発達な時代では、疫病のアイデアが頭に浮かぶはずもありません。

死の直前、男は変な行動を取っていなかったか？　以前にも同じ死に方をした者はいなかっただろうか？　過去の記憶を頼りに原因を考え続けた彼らは、やがてとりあえずの結論にいたります。

精霊が眠る湖を荒らしたからだ。死者が呼んでいるのだ。動物の霊に取り憑かれたに違いない——。

これが、「物語」の初期形態です。理解に苦しむ不可解な現象に原因と結果のつながりを与え、世界の複雑さに秩序をもたらすのが「物語」の最初の役割でした。

ランダムな死と隣り合わせだった原始の生活においては、その物語が正解か不正解かは関係なく、**「このような原因で問題が起きたのだ」と思えたほうが心の安らぎを得ることができます。**最初の「物語」は、無秩序への不安をやわらげるバッファーとして誕生したわけです。

物語を通して人は自分を見出していく

カオスのなかに因果関係を作り出す「物語」の機能は、それからもさまざまなバリエーションを生みました。

世界は神々の劇場なのだと教えるギリシャ神話。入り組んだ人間の心理をシミュレートさせる『ダロウェイ夫人』のような近代文学。私たちに「もしも」の世界を思い描かせてくれる『ディアスポラ』などの先端SF。それぞれの「物語」が私たちに引き起こす感情の種類は違えど、いずれも世界の複雑さに対して明確なシナリオを提供し、人間の根本的なよるべなさを解消してくれる点では変わりません。

そんななかでも現代において重要なのは、物語によるアイデンティティの構築機能でしょう。

たとえば、代表的なのは「聖書」です。西洋の人々が「聖書」のストーリーを心の支えにしてきたのはご存じのとおりで、ある人は「創世記」に自らの起源を求めて安心感を抱き、またある人はキリストの物語によって「自分はどう行動すべきなのか？」の指針を手に入れました。

これは狩猟採集民の世界でも変わらず、多くの人類学研究によれば、原始的な部族には例外なく創設神話が伝わっています。「世界の初期には精霊たちが動物の形をして出現した」といった物語を仲間たちと語り合うことで、彼らは集団としてのアイデンティティをあらためて固めるのです。

ところが、もはや精霊や神の奇跡を信じられなくなった現代では、「自分は何者か？」という問いが、あらためて切実な問題として浮かび上がりました。メアリー・シェリーの小説「フランケンシュタイン」のなかで、醜い姿で生まれたモンスターは次のように自問します。

「私の気持ちはとまどい、つかみきれない。自分は何にも頼るものがない、何にもつながっているものがない。いったいどういうことなんだ？　俺は誰だ？　俺は何者だ？」

あくまでモンスターに仮託した言葉ながら、これがアイデンティティの危機を描いたシーンなのは疑いようがありません。

ここまで切実な叫びでなくとも、現代人がなんらかの対象に頼って自己を整えようとする情景はおなじみのものでしょう。

ある人はSNSの「いいね！」を稼いで自己の確立を試み、またある人はブランド品を買って自らの輪郭を浮き立たせ、さらには国家を重んじるナショナリズムの力で己の立ち位置を定める人もいます。いずれも『いいね！』が多い人気者の自分」「高級品を買える優れた自分」「国を愛する人格者の自分」といった手軽なストーリーに身をゆだね、そこに安心感を見出す行為です。

これに対して、原始の世界では人間のアイデンティティはシンプルでした。生まれついたら部族の一員として働くしか選択肢はなく、男は狩りで獲物を手に入れ、女は果実や木の実の採集を行うことだけを要求されます。

ライフサイクルの多様性もなく、子供は遊びを通じて狩りの方法を学び、成人してからは子育てに精を出し、それが終わればあとは後世に知恵を残して死ぬのみです。人生のどのタイミングにおいても「自分の役割」は明確で、アイデンティティの危機は起きようがありません。

せんじつめれば、人類は長いあいだ自己の問題に悩まず進化してきたわけです。そう考えれば、選択の自由が増えた現代を生きる私たちが、アイデンティティの対処に困るのも無理からぬところでしょう。

確固たるアイデンティティがあれば獣をしつけられる

長々とアイデンティティの話をしてきたのは、これが集中力にとって欠かせない働きを持つからです。集中力アップと自己の確立にはなんの関係もなさそうですが、実は両者は切っても切れない関係性を持っています。

一例として、次のようなシーンについて考えてみましょう。

「あなたは仕事に必要な本を読み込んでいましたが、内容が難しいせいで、少しでも気を抜くと集中力が切れそうになってしまいます。しかし、そのたびにあなたは『がんばって読み続けないと！』と気合を入れ直し、なんとか最後まで本を読みとおすことができました」

もちろん、これは素晴らしい成果です。第3章でも見たように、いったんそれた集中力を何度ももどす努力をくり返せば、あなたの集中力は確実に成長していくでしょう。

が、その一方でこの事例では、あなたが依然として自分のことを「がんばりさえすれば本を読み通せる人間なのだ」と、無意識のうちに定義しているのも事実です。この考え方では、集中力が切れるたび獣に努力を強いるはめになり、長期的には失敗に終わる可能性が高くなります。

しかし、ここであなたが「私は根本的に読書家なのだ」と自己を定義していた場合は、事態が大きく変わります。**もし集中が続かなそうな状況に襲われたとしても、反射的に**

「読書家」という自己像を守ろうとする意識が働き、本の内容に意識をもどす確率が自然に上がるからです。

ヒトのこのような振る舞いは、専門的に「認知的不協和」と呼ばれます。矛盾した状態に置かれた人間は本能的に不快感を抱き、本人も気づかぬうちに態度を変えてしまう、そんな現象を指す言葉です。

有名なのは喫煙家の事例でしょう。タバコが体に悪いのは常識ですが、それでも欲求を抑えられない喫煙家たちは、なんの根拠もなく「昔から吸われてきたのだから、そこまで体に悪くないはずだ」と考え、実際のダメージを低く見積ることが多くの調査でわかっています。タバコを吸い続けたいがために、間違った「物語」を採用してしまうわけです。

読書家の例における集中力アップの仕組みも、基本は変わりません。

本の内容に集中できないとき、あなたは「本を読みたくない自分」と「読書家である自分」の2つに切り裂かれ、そのスキマに認知的不協和が起きます。この不快感を解消するには自分のアイデンティティを守り抜くしかなく、獣は本の内容に注意をもどそうと働きだすのです。

つまり本章で目指すのは、あなたの自己像の再定義です。

ランニングに集中したければ「私はランナーだ」と自分を定義し、仕事に集中したければ「私は仕事をやり抜くタイプの人間なのだ」と自分を定義する――。

目標によってベストなアイデンティティを作り上げていけば、意識的な努力をせずとも私たちの集中力は自ずと最適化されます。

そして、自己の再定義に欠かせないのが、調教師の能力です。

先も見たように、論理の力でアイデンティティを作るのが「物語」の役割でしたが、獣の力では原因と結果を一貫した流れにまとめあげられません。これに対して、情報を直列に処理できる調教師なら、バラバラな情報をつなげてひとつなぎのストーリーを生み出せます。

まとめると、本章が目指すステップはこうです。

①集中力アップに役立つ新たな「物語」を作る
②「物語」に沿った行動を続けて獣を説得する

「新しい物語」という名の武器を調教師に装備させ、その内容に獣が納得してくれるまで粘り強く説得を行うわけです。

やがて獣が「新しい物語」を受け入れてくれれば、集中力の低下は限界まで防げるようになります。いったんこの状態になれば小手先のテクニックに頼る必要もないため、その点では集中力アップの究極形態とも言えるでしょう。

2

セルフイメージを上書きする5つの方法

基本はやはり「反復」だが、それにはショートカットがある

「物語」のパワーで獣を説得するには、第4章で紹介した「儀式」の考え方が、ここでも大きく有効になります。獣の内側に沁みついた古い自己像を変える作業は一朝一夕に

は行かず、どうしても同じ作業を何度もくり返す必要があるからです。

自己啓発本などでは「思い込みを捨てれば何でもうまくいく！」といったアドバイスも見かけますが、個人の世界観がそう簡単に再定義できるなら苦労はありません。私たちが抱く世界観とは、長年の暮らしで少しずつ構築された生活習慣病のようなものであり、改善するには相応の時間が必要になります。

事実、「スキーマ療法」のように個人の自己像を変えていくタイプの心理療法などでは、治療期間が5年を超えることも珍しくありません。いったん脳に染みついた世界観を変えるのは、それだけ大変な作業なのです。

ゆえに、ここまでお伝えしてきた「報酬感覚プランニング」（89ページ）や「儀式スタッキング」（142ページ）といった手法は、すべて「物語作り」の手段としても使えます。

というのも、どちらのメソッドも「このイベントが起きたら、次はあのイベントが起きる」という物語のベーシックな構造を持っており、そのおかげで、日常の作業に明確なシナリオが生まれ、抽象性を嫌う獣を説得しやすくなるからです。

特定の「儀式」を毎日くり返せば、必ず獣のなかには変化が起きます。地道に仕事や勉強をやりとげた事実に獣が少しずつ納得し、「自分は集中力を備えた生き物なのだ」といった新たな物語が脳の深部にインストールされていくのです。正しくアイデンティティを書き換えるためには、「儀式」の考え方が欠かせません。

ただし、「儀式」の効果が出るまでには時間がかかるため、途中で気持ちが萎えてしまう人も少なくないでしょう。基本的に集中力のベースラインはじわじわとしか上がっていかず、効果を体感しづらい側面があります。

そこで、ここからは、より手軽に新たな「物語」を作り出せる手法をメインに見ていきましょう。

自己像を組み直すためには、あくまで「儀式」をくり返して地道な成功を積み重ねていくのが王道ながら、そこまでの道のりを縮める方法なら存在します。具体的な方法を5つ、実践が簡単な順に紹介しましょう。

レベル1 ステレオタイピング

ステレオタイピングは、「有能な人を思い描くだけでも人間のパフォーマンスはアップする」という現象を指す言葉です。

たとえば、ザルツブルク大学の研究では、前もって「優秀な大学教授」のイメージを頭にすり込まれた被験者は、そうでないグループよりも自分の知識への自信が上昇。その結果として集中力が高まり、一般常識テストの結果が良くなりました（1）。

さらに、その後で行われた実験でも、一流アスリートのイメージを思い浮かべた被験者は、やはり運動テストの成績が上がっています。このケースでもやはり、自信の上昇による集中力アップが、パフォーマンスの向上につながったようです（2）。

同じような研究は非常に多く、たとえばチューリングのような天才数学者をイメージすれば実際に数学テストの成績が上がりますし、ガンジーのような博愛主義者を頭に浮かべれば他人への親切な行動が増えることがわかっています（3）。優秀な人間のイメージを頭に浮かべるだけで、私たちはそのキャラクターに沿った行動を取りやすくなるのです。

ステレオタイピングには、あなたが作る物語に彩りを添える働きがあります。

おもしろい物語を生み出すには、個性的なキャラが欠かせません。「私は集中力を備えた人間だ」という物語を猷に納得させるのは孤独な作業であり、どうしても退屈な気分に襲われがちです。そんな状況に、ヨーダやガンダルフのように自分を導くキャラがいてくれれば、あなたの物語は鮮明さを増すでしょう。

もしプレゼンの集中力を上げたければ事前にジョブズの姿を想像してもいいですし、仕事にじっくりと取り組みたいなら身近なハイパフォーマーを思い出すのもありです。タスクに取りかかる前に15〜30秒ほど時間を取り、誰か有能な人間の姿を思い描いてみてください。

レベル2 ジョブ・チェンジング

ジョブ・チェンジングは、仕事のモチベーションを高めるために、組織心理学の世界で考案された技法です。やり方は非常にシンプルで、

・問題のタスクに対して、自分に新たな「肩書き」をつける

これだけです。子供だましのように思われたかもしれませんが、実はこれがバカにできない効果を持っています。

アメリカの病院を対象にしたある研究では、仕事へのやる気に欠ける清掃スタッフへ、次の肩書きを与えました。

「清掃の仕事は治療のプロセスのひとつであり、あなたたちは『病院のアンバサダー』なのです」

すると、スタッフのモチベーションは一夜にして激変。みんな以前より清掃に集中して取り組み始め、かつては夜中まで汚れていた床やトイレが、夕方にはピカピカになったのです(4)。

ジョブ・チェンジングの効果を調べたレビュー論文の中で、イエール大学の研究チームはこうコメントしています。

「新たな『肩書き』は、たんにマインドセットを変える以上の効果を持っている。新たな肩書きによって仕事へのアプローチが変わり、結果として集中力にも変化が出るからだ」(5)

自分のことを「病院のアンバサダー」だととらえ直せば、院内の清掃は「ただの義務」から「患者を癒す治療のひとつ」に変わるでしょう。そのおかげでスタッフに大きな責任感が生まれ、仕事への集中力も上がったわけです。

ただし、「ジョブ・チェンジング」を行う際は、好きな肩書きをなんでも名乗っていいわけではなく、実態に即したものをつけねばならない点に注意してください。イラストが描けないのにイラストレーターを名乗っても無意味なように、仕事を集中してこなせないのに「ハイパフォーマー」を標榜しても獣が納得するはずはないでしょう。

先の実験に効果があったのは、あくまで清掃員の仕事に別の角度から光を当てたからであり、「掃除の仕事は治療のプロセスのひとつ」との言葉にウソはありません。正しく肩書きをつけるには、事実ベースを心がける必要があります。

もし「自分にはなんの肩書きもない……」と思ったときは、とりあえず本書の実践内容を肩書きにしてみてもいいでしょう。「MINDダイエット」（63ページ）を実践しているなら「MINDダイエッター」だし、「報酬感覚プランニング」を実践しているなら「報酬感覚プランナー」でもいいですし、さらに細かく「質問型アクションデザイナー」や「心理対比プラクティショナー」と肩書きをつけても構いません。これなら、どの肩書きにもウソはないでしょう。

いったん肩書きを決めたら、あとはタスクに取り組む前に「自分は報酬感覚プランナーなのだ」とあらためて思い直してみてください。それだけでも、確実に心理的な効果は得られます。

レベル3 指示的セルフトーク

指示的セルフトークは、昔からスポーツの世界で集中力アップのために使われてきたテクニックです。

その効果については質の高いエビデンスがあり、32件の先行研究をまとめた2011年のメタ分析でも、パフォーマンスの向上に対して「0・43」の効果量が認められています(6)。劇的な効果ではないものの、実生活で使うぶんには十分に意味がある数値です。

指示的セルフトークとは、名前のとおり「ひとりごと」を使って集中力アップを狙う技法です。たとえば、筋トレでスクワットの集中力を高めたい場合には、脳内で次のようにつぶやきます。

「バーベルは肩にしっかり載ったか？　ヒザの角度に気をつけろ！　太ももの筋肉をちゃんと意識するんだ！」

集中したい動作をあらためて言葉にして、自分に質問や指示を投げかけるわけです。海外の映画などでも、「銃を構えてターゲットを狙うんだ……」などと主人公が自分に語りかけるシーンをよく見かけますが、あれも指示的セルフトークの一種。その応用範囲はとても広く、勉強や仕事の集中力アップにも使うことができます。

- **勉強に使う場合「いま自分の勉強が止まったのは、どこがわからなくなったからだ？　問題を解く違うアプローチを考えてみろ！　どうしてもわからないいまなら次の問題に移れ！」**
- **仕事に使う場合「この書類をもっとラクにこなすために、他に使えそうなリソースを探せないか？　取り組んでいる情報のなかで、本当に重要なものを見抜くように努力するんだ！」**

ここで重要なのは、「俺なら大丈夫！」や「今日は最高の調子だ！」のように、自分を持ち上げるようなセルフトークは使わないことです。このタイプのひとりごとは「意欲的セルフトーク」と呼ばれ、一時的に集中力を高める働きはあるものの、仕事や勉強といった複雑なタスクには向きません。

指示的セルフトークを使うときは、あくまで作業中にすべきことを言葉に変えるのがコツ。「この問題のポイントは？」「解法の手順は？」のように客観的な質問を使ってもいいですし、集中力が落ちたと思ったら「あと5分だけ続けよう！」や「もう1問だけ取り組んでみろ！」などと具体的に自分をはげますのも有効です。

もし良いセルフトークが思いつかないときは、以下のような質問を自分に投げかけてみてください。いずれの質問も、教育科学の世界で実際に学生の成績向上のために使われており、集中力を高める働きが確認されています（7）。

- **なぜ集中力が落ちたのか？　作業が難しいからか？　それとも何かにジャマをされたからか？**
- **集中力が落ちた原因を解決する方法はないか？**
- **自分は目の前の作業を楽しめているだろうか？　もし楽しめていないなら、その原因はなんだろうか？**
- **大量の情報に混乱していないだろうか？　もし混乱があるなら、大量の情報か**

ら重要なものを見抜く方法はないだろうか？

・目の前の作業を達成するために、他のリソースは使えないだろうか？　そのリソースを得るために何ができるだろうか？

・この作業でもっとも困難なポイントはどこだろうか？　困難なポイントに対して、違うアプローチはできないだろうか？

・もっとも理解ができないポイントはどこだろうか？

・集中できない問題について、他者のサポートを受ける必要はあるだろうか？

・自分がどこで悩んでいるのかは明確になっているだろうか？　明確でないなら、どうすればもっとクリアにできるだろうか？

・いまの作業の難易度は正しいだろうか？　難しすぎないだろうか？　それとも簡単すぎではないか？

・作業への興味を沸き立たせる方法はないだろうか？

これらの質問が効果的なのは、「新たな物語」が脳に染み込むまでは、獣はすぐに昔のやり方にもどろうとするからです。

使い慣れた手法にこだわりたくなるのは人類に共通の心理。いくら調教師が「これが新しい自己像なのだ」と押しつけてみても、獣が納得しないうちはすぐにリバウンドが起こってしまいます。

そのため、しばらくのあいだは、問題が起きるたびに調教師が獣に細かな指示を与え続けねばなりません。ことあるごとに具体的な手順を伝えて、「正しい自己像に向かう道はこっちだ」と導くのです。

この作業をくり返せば、やがて何もしなくとも獣が自動的に動き出します。それまでめげずにセルフトークを続けてみましょう。

レベル4 VIA SMART

「VIA SMART」は、ノースセントラル大学の実験で効果が確認された集中力アップのテクニックです(8)。自分が生まれ持つ「強み」を活かすのがこの手法のポイントで、「VIA SMART」を使った被験者はひとしく集中力が上がり、なんと最終的なゴールの達成度が2〜3倍にはね上がりました。

まだエビデンスの質は高くないため追試は必要ですが、これだけの効果が出ているなら試す価値はあるでしょう。具体的な手順を紹介します。

STEP1 VIAテストで「強み」を選ぶ

まずは「VIA」のサイトにアクセスし、無料で診断テストを行ってください(https://www.viacharacter.org/survey/account/register)。「VIA」は、ポジティブ心理学のデータにもとづいて作られたテストで、あなたが生まれ持つ「強み」を無料で判断してくれます。

すべての質問に答えると、「好奇心」や「思考力」など、あなたが持つ「強み」のトップ5が表示されるので、そのなかからもっとも気になったものをひとつだけ選んでください。直感でピンときた「強み」をピックアップしましょう。

STEP2 「強み」を活かす方法を考える

続いて、ステップ1で選んだ「強み」を毎日の目標や作業に活かす方法を考えます。いくつか例を挙げましょう。

・「創造性」という強みを「勉強の集中」に活かしたいなら、新しい学習法を考えて実践してみる（「いままでは参考書を最初のページから解いていたが、新たにランダムなページから取り組む」など）

・「批判的思考力」という強みを「仕事の集中」に活かしたいなら、いまの働き方に問題はないかを考えて改善してみる（「仕事を引き受けすぎているので、受注の前に綿密な計画を立てる」など）

・「好奇心」という強みを「エクササイズの集中」に活かしたいなら、これまでしたことがない運動にトライする（「これまでランニングがメインだったので、セパタクローを試してみる」など）

どんな「強み」でも、あなたが目指すゴールにつなげる方法は必ずあるはずです。「VIA」テストで表示される「強み」の解説をよく読みながら、自分の能力を深掘りしてみてください。

STEP 3 SMARTで計画を立てる

「強み」を活かす方法を考えたら、最後は「SMART」を使って実践の計画を立てましょう。「SMART」については、ご存じの方も多いでしょう。具体的なプランを決めたいときに使うフレームワークのひとつで、以下の頭文字で構成されています。

- Specific（具体的）＝できるだけ具体的に明確な目標に落とし込む
- Measurable（計測可能）＝目標の達成度が数字で把握できるようにする
- Achievable（達成可能）＝夢のような目標ではなく、現実に達成できそうなレベルを選ぶ
- Related（関連性）＝その計画が重要な仕事の内容に関係があるかどうかを確認する
- Time-bound（締め切りが明確）＝いつまでに目標を達成するかを決める

このガイドラインに沿って、あなたの「強み」を活かすための具体的なプランを定めてください。たとえば、「向学心」という強みを勉強に集中するために使いたい場合は、次のようなプランが考えられます。

- **具体的＝「向学心を活かすために統計学の教科書を勉強する」**
- **計測可能＝「1日に3ページずつ進めていく」**
- **達成可能＝「3ページなら6ヶ月で読了できる」**
- **関連性＝「統計学を学べばいまの仕事の問題点があぶり出せるはず」**
- **締め切りが明確＝「今年の5月までに一冊を終える」**

あなたが生まれ持った「強み」とは、たとえるなら映画やアニメのキャラが持つ特殊能力のようなものです。特殊能力の存在が、物語に大きな影響をあたえるのは言うまでもないでしょう。「X‐MEN」にせよ「アベンジャーズ」にせよ、それぞれのキャラが持つ特殊な能力を使い切らなければストーリーは盛り上がりません。

その意味で「VIA SMART」のテクニックは、あなたの特殊能力を正しく活かすことにより、人生の物語に彩りを添える働きを持っています。不得意なことに手を出して失敗をくり返すのではなく、ぜひ得意な作業を続けて小さな成功を重ねてください。

レベル5 ピアプレッシャー

新たな「物語」を作るにあたり、最大の効果を持つのが「ピアプレッシャー」です。直訳すれば「仲間からの圧力」のことで、あなたの友人や職場の同僚などから感じる心理的な圧迫感を意味します。

というと悪いことのようですが、そんなことはありません。使い方さえ間違わなければ、ピアプレッシャーは最強のパフォーマンス向上ツールとして機能してくれます。

ハーバード大学の2012年論文を見てみましょう。

研究チームはまず複数の投資アナリストたちのデータを調べ、そのなかでもトップの成績を叩き出していた1052人を厳選しました。当然、自分のことをハイパフォーマーだと自認している人ばかりです。

続けて研究チームは、投資アナリストのなかから、他の企業に移った人や自分で会社を立ち上げた人をピックアップ。彼らがいままでと違うメンバーと仕事を始めたあとでも、同じ成績を維持できているかどうかを調べました。

その結果は、驚くべきものでした。働く環境が変わった投資アナリストのうち、以前と同じレベルの成果を上げていたのはおよそ50％。残りの半分は逆に成績が低下し、調査開始から5年が過ぎても、もとのパフォーマンスを取り戻すことはできなかったのです(9)。この傾向は、アナリストの給料や個人の体調といった複数の要素を調整しても確認されました。

同じような現象について調べたケースはほかにも多く、約2000人のオフィスワーカーを対象にした別のハーバード研究でも、「平均して私たちの生産性の10％以上は隣の席に座る人間の質で決まる」と結論づけています(10)。人間のパフォーマンスを左右するのはチームメイトだけではないでしょうが、周囲にいる仲間や同僚の質が、私たちのパフォーマンスに大きな影響を与えるのは間違いありません。要するに、**できる人間に近づけばあなたもできる人間になり、周囲の生産性が低ければあなたの生産性も下がってしまうわけです。**

さほどにピアプレッシャーが大きな効果を持つのは、人類が社会的な動物として進化してきたからです。

当たり前ですが、人類にはライオンの牙やシマウマの脚力のような武器がありません。そんなひ弱な人類が原始の世界を生き延びるには、仲間たちと密に連絡を取り合い、集団の力で脅威に立ち向かうのがベストの戦略でしょう。そのため私たちの脳には、仲間の思考や行動に簡単に影響されてしまうシステムが備わったのです。

アフリカのサン人たちが夜ごとに物語を語りあうのも、グループ全体の寿命を延ばすための重要な生存戦略のひとつ。彼らは「我々が存在するから私が存在する」という格言をことのほか重んじており、共同体のメリットを最大限に活かすように行動します。

すなわちピアプレッシャーとは、「物語」にとってはエコーチェンバーのような存在だと言えます。似たような仲間たちが互いの「物語」を交換することで共鳴作用が起こり、よりストーリーの影響力が強化されていくわけです。

もちろん、同じような心のメカニズムは私たちの行動にも大きな影響を与えています。その証拠に、もともと心理学の世界では、「集中力が伝染する」という現象が昔から確認されてきました。

たとえばある実験では、学生たちに2人1組のペアを組ませ、集中力を測る簡単なゲームを一緒にプレイさせたところ、一方の人間が集中すると自動的にもうひとりの集中度もアップしました。おもしろいのは、モニタの中央に仕切りを置いて、お互いのプレイが見えない状態にした場合でも集中力の伝染が起きたことです。つまり、私たちは他人の成果や達成度といったわかりすい要素ではなく、もっと目に見えない情報をベースに自分の集中度を調整していることになります（11）。

その情報が何なのかはまだわかっておらず、他人の姿勢や呼吸といった微細なデータを手がかりにしているのかもしれませんし、体臭の変化を無意識に嗅ぎつけているのかもしれません。いずれにせよ、あなたの脳内には、他人の集中力に自分を同調させるシステムが存在しているのです。

ピアプレッシャーを正しく使うためのルールはひとつだけです。

・集中力が高い人たちのなかにまぎれこむ

この前提さえ守れば、なにをしても効果は得られます。

- **熱心に勉強する人たちが集うカフェに行く**
- **同じ目標を持つ人たちがしのぎを削るコミュニティに参加する**
- **会社内のハイパフォーマーと友人になる**

どの手法でもほどよいプレッシャーが生まれ、確実に集中力はアップするでしょう。もし身近に適当な相手がいなくとも、ネット上のバーチャルなコミュニティと接点を持つだけでも十分です。たとえ現実世界でのコンタクトがなくとも、「自分は集中力が高い人たちの一員なのだ」という意識が生まれるため、あなたのなかには前向きな圧力が生まれます。

「物語」の力で新たな自己像を作り出すのは、とても時間がかかる作業です。意識せずに自然と集中力を保てるようになるまでには、本章で見てきたテクニックを使いつつ、新たな「物語」を何度も獣に伝えなければなりません。

そのプロセスには苦しみがつきまとうため、手ごろな「物語」に逃げ込みたくなることもあるでしょう。「願いは現実になる」とうたいあげるスピリチュアルのグルや、「潜在意識をリセットして人生を変えよ」と説く自己啓発のアジテーター、「あなたはそのままでいい」といった誘惑するポップサイコロジーの指導者などが定番の例です。

確かに、これらの「物語」を採用すれば簡単に自分を定義できますが、どれも現実的なデータにもとづいていないため、結局は短期的にテンションが上がっただけで終わります。アイデンティティの構築には、どこまでも地道な作業を反復するしかありません。

それ以前の問題として、他人が決めた物語にいちいち影響を受けていたら、いつまでたってもアイデンティティは安定しないでしょう。自分の「物語」とは、どこまでもあなた自身で定義すべき問題なのです。

第 5 章

Chapter 5

自己を観る

～マインドフルネスで
静かな集中を取り戻す～

1

大ブームになった「意志力」、2つのアップデート

意志力はやっぱり減らなかった？

意志力は使うと減る。

そんな話を耳にしたことがある人は多いでしょう。心理学の世界では「自我消耗説」と呼ばれるアイデアで、おおよそ次のように説明されます。

①人間の脳には限られたエネルギーしか存在しない
②なにかを我慢して意志力を使うと、そのたびにエネルギーが消費される
③いったん全エネルギーを使い果たすと、自制心は働かなくなる

実に納得しやすい考え方です。仕事が終わったら完全にスイッチがオフになり、ダイエット中なのにアイスを山のように食べてしまったり、ランニングに出かける気を失ったようなケースは誰にでもあるはず。「自我消耗説」は、これらの現象をうまく説明してくれます。

この考え方は1990年代から世界に広まり、スタンフォード大学などの一流機関がお墨つきを与えたこともあって、いまではビジネス書の定番になりました。それだけ意志力の弱さに悩む人が多かったのでしょう。

が、ここ数年、「意志力は減らないのではないか」との説が浮上してきたのをご存じでしょうか？

事の起こりは2014年のこと。マイアミ大学が過去に出版された「自我消耗」に関する200件近いデータを再分析し、「出版バイアスがある」と結論づけたのがきっかけでした(1)。

出版バイアスは、特定の仮説に都合がよい論文だけが専門誌に掲載されてしまう傾向を指す専門用語です。要するに、マイアミ大学は「実は自我消耗には科学的な根拠がなかった」と指摘したことになります。

この報告を受け、2016年にはカーティン大学が2141人の男女を対象に追試を行いました(2)。従来よりも大規模な人数を使い、「自我消耗」が正しいかどうかを再確認した研究です。

結果は、まさかの「効果ゼロ」でした。23の研究所で行われた試験のうち、意志力がすり減る現象はどこでも確認されなかったのです。

議論はいまも続いており、まだ「自我消耗」が完全に間違いだったと決まったわけではありません。ただしここ数年は、ほかにも追試で効果が認められなかったケースが相次ぎ、いまや多くの心理学者が「意志力は使うと減る」との考え方に疑問を投げかけているのは事実です(3)。

意志力に糖分は関係ない?

「自我消耗」説が揺らぐとともに、いまやほぼ完全に否定されてしまったのが「意志力を保つには糖分補給が必要だ」という説です。

もともと血糖値が重視されたのは、「自我消耗」は糖質が原因で起きると考えられたからでした。「人間の脳はエネルギー源としてブドウ糖を使うため、頭の働きを下げないためには定期的に糖分を補給して血糖値を安定させてやらねばならない」という考え方です。

このアイデアもビジネス書の定番で、「集中力を保つには3〜4時間に1回は何か食べましょう」や「低GI食品で適度な血糖値をキープしましょう」といったアドバイスをよく見かけます。ところが、2015年、この考え方にも疑問符がつきました。血糖値と意志決定に関する36件の論文を精査したメタ分析で、「血糖値は食事が関係する物事にしか影響しない」との結論が出たのです(4)。

たとえば、脳内のブドウ糖が減ったあとは「チョコを食べたい！」といった誘惑には弱くなりますが、「読書に集中しなければ！」のように食事とは無関係なタスクには何の影響もおよぼしません。要するに、血糖値は意志力の増減に関係がなかったわけです。

そもそも脳科学の世界では、どれだけ意志力を使おうがブドウ糖の消費量は変わらないことはよく知られていました。脳の働きは筋肉とは違う仕組みで働き、難しい勉強に取り組むときだろうが、ネットでダラダラと動画をながめるときだろうが、ブドウ糖は同じように消費されます。また、脳全体の消費エネルギーは毎分0・25㎉に過ぎず、

1分あたりに「ミンティア」のようなタブレット菓子の10分の1粒ほどしかブドウ糖を使いません(5)。もちろん丸一日なにも口にしなければガス欠を起こすでしょうが、普通に食事をしていれば問題なく補えるレベルです。

納得できない人も多いかもしれません。「がんばって働いた後に、甘いものを食べたらモチベーションがもどった」ような体験は誰にでもあるでしょうし、本当に意志力が減らないなら集中力が切れる問題など起きようがないはずです。果たして、この現象はどう説明すればいいのでしょうか?

結論から言えば、**「自我消耗」の議論は、感情コントロールの問題としてとらえ直すことができます。**特定のタスクに対して拒否反応を示した獣を、いかに制御していくか?という問題です(6)。

そういうと難しく聞こえそうですが、本質はとてもシンプルです。がんばって集中したらストレスがたまったので、甘いものを食べたら気分が改善してやる気がもどった——。

このようなありふれた状態を、少しだけ厳密に定義したに過ぎません。

たとえば、いまあなたが「勉強をしたくない……」と思っていたとしても、好きな人から「一緒に宿題をしよう」と誘われれば一気にやる気が出るはず。どれだけ「今日はもう集中力が出ない……」と感じようが、「2時間後が締め切りの書類があった！」と思い出せばすぐに気を取り直すでしょう。あなたの内なる獣は、外部からのインプットによってモチベーションの優先順位をコロコロと変えるからです。事実、ジョージア大学の実験などでも、砂糖水で軽く口をゆすぐだけでも被験者の注意力が上がり、退屈な作業へのスピードが改善したとの結果が出ています（7）。意志力をもどすためにブドウ糖が本当に必要なら、このような現象は起こり得ないでしょう。

つまるところ、意志力がなくなった場面とは、ネガティブな気分のせいで自分をコントロールするのが嫌になり、獣がタスクの優先順位を切り替えた状態だと考えられます。決して脳の燃料タンクが切れたのが原因ではありません。

2 「自制」するには「自省」が欠かせない

言うまでもなく、私たちの日常は感情との戦いの連続です。

どんなに仕事に集中できていたとしても、友人から楽しそうなパーティに誘われれば心は揺れますし、借金や就職の悩みなどを抱えた状態では、目の前のタスクに意識を向け続けるのは難しいはず。

そのたびに感情に流されていては、集中力の向上などおぼつかないでしょう。意志力を維持して高い集中力を発揮し続けるには、激しい感情の波をコントロールする必要があります。

そこで必要なのが、本章のテーマである「自己を観る」能力です。**あなたの感情を正しくコントロールするには、自分をじっくりと観つめる作業が欠かせません。**このことを考えるために、「感情」の特性を簡単に解説しましょう。

序章でも見たとおり、獣はあらゆる刺激に反応し、感情の波を巻き起こして私たちを操ろうとします。

たとえば、仕事が難しくて前に進まないような場面では、まず獣は「イライラ」や「退屈感」などの感情を作り出し、目の前のタスクから逃げ出そうと画策。続いて、買ったばかりのゲームへの「関心」やSNSのアップデートに対する「期待感」などをくり出し、どうにかしてあなたの注意をそらそうと試みてきます。なんの対策も取らなければ、私たちは瞬く間に感情の波にさらわれてしまうでしょう。

マイクロソフトの研究によれば、私たちは平均で40秒に1回のペースで何かに気を取られ、そのたびに「感情」との戦いを強いられています(8)。もしその戦いに負けてしまえば、あなたの集中力がもとにもどるのに必要な時間はおよそ20分超で、これほどムダな時間もありません。

ただし幸いなことに、獣が生み出す感情は強度が強い一方で、「持続時間が短い」という特徴も持っています。

食欲の暴走に悩む被験者を対象にした実験では、彼らが「なにか食べたい」と思った直後にゲームの「テトリス」をプレイさせたところ、たった1~3分でドーパミンの量が減り、食欲のレベルが24%も減りました(9)。「テトリス」のおかげで一時的に食べ物から気がそれて、激しい食欲から身をかわせるようになったわけです。

複数の研究データを平均してみると、感情の暴走は長くても10分間ほどしか続きません。この時間さえ乗り切れば獣の支配力はやわらぎ、調教師もコントロール能力を取りもどすことができます（10）。

といっても、作業から気がそれるたびに「テトリス」で遊ぶわけにもいかないので、日常で集中力を発揮するためには別の戦略が必要になってきます。それが、「自己を観る」能力の強化です。

3
平静な自分を取り戻す
デタッチド・マインドフルネス

獣の衝動をやり過ごそう！

「自己を観る」能力とは、具体的には以下のようなスキルが発動した状態を意味します。

・状況：「仕事をしていたら、ふとスマホのゲームで遊びたくなった」←スキル発動：「『あ、また獣が目先の楽しみに引っかかって自分を操ろうとしてるな……。とりあえずほっといて5分だけ仕事を続けてみよう』と考えて、もとの作業にもどれた」

・状況：「明日が締め切りの書類があるが、直前に大きな仕事を終えたばかりで集中力がわかない」←
スキル発動：「『前に大きな仕事をこなした達成感を壊したくないから、獣が気力を抑えているな。気力が出ないのは置いといて、まずは書類に1行だけ何か書いてみよう』と考えて、書類作業に取りかかれた」

感情の波をただ観察し続け、神経伝達物質の影響がやわらぐまでやり過ごすせれば、本来の作業にもスムーズに復帰できます。いわば、暴れる獣からいったん距離を取ったような状態です。ここでもし獣から離れなかったら、非力な調教師はすぐに巻き込まれてしまうでしょう。

ツイッターをチェックしたくなったら、その衝動をスルーして作業にもどる。急な騒音にイラッとしたら、その感覚をスルーして目の前のタスクに意識をもどす。エクササイズに行くのが嫌になったら、「めんどうだ……」という気持ちをスルーして外に出る。

そのまま数分もすれば神経伝達物質の影響力は自然に治まり、調教師は支配力をとりもどすことができるはずです。そして、ここまで説明してきたような心の機能のことを、心理学では「デタッチド・マインドフルネス」と呼びます。

マインドフルネスをご存じの方は多いでしょう。いまの瞬間から気をそらさず、ひたすら目の前の対象に意識を向け続ける意識のあり方のことです。

- **仕事をするときは、今朝見たニュースや昼飯のことなどを考えず、ひたすら作業だけに取り組む**
- **食事をするときは、スマホを見ながら食べるのではなく、ひたすら料理だけを味わう**

このように、いま自分がやっていることにすべての注意を向け続けるのがマインドフルネスの特徴です。

他方で「デタッチド（Detached）」は、「分離」や「切り離す」などの意味を持つ単語で、ここでは思考と感情から距離を置く行為を指します。さきほどの例でも見たとおり、「遊びたい」や「めんどくさい」といった感情に巻き込まれず、調教師が一歩ひいた視点から観察を続ける状態のことです。

すなわち「デタッチド・マインドフルネス」をひとことで表せば、

・思考や感情から距離を置いて、ひたすら観察に徹する行為

のようになります。いったん思考と感情から距離を置き、なにも分析せずにただ観察を続けるのが「デタッチド・マインドフルネス」の基本です。

といってもまだわかりにくいので、ここからは実際に「デタッチド・マインドフルネス」を身につけていく方法をご紹介します。そのステップは大きく3つです。

STEP1 メタファーでつかむ

まずは「デタッチド・マインドフルネス」の理解を深めるために、いくつかの実験をしてみましょう。リラックスして座りながら、次の単語を声に出さずに読んでみてください。

・リンゴ　誕生日　海岸　自転車　バラ　猫

このとき、あなたの心に何が起きたでしょうか？
リンゴや猫のイメージがそのまま浮かんだかもしれませんし、何か誕生日の思い出が心をよぎったかもしれません。もしかしたら何の変化もなかったかもしれませんが、それはそれで構いません。

重要なのは、ごく平凡な単語に対して、あなたの内面がどう反応したかに気づくことです。

何度か単語を読み返してみて、自分のなかになんらかの思考や感情、イメージが浮かぶか、または浮かばないかを観察してください。この感覚が「デタッチド・マインドフルネス」です。

これはマンチェスター大学のエイドリアン・ウェルズが考案した技法で、「自由連想タスク」と呼ばれます(11)。博士は自身の治療に「デタッチド・マインドフルネス」を導入し、うつ病の治療などに大きな成果を上げています。

もうひとつ、「メタファー」を使うのも有効な手段です。こちらもマインドフルネス系の心理療法で有名な技法で、患者に「観察」のコンセプトを理解してもらうために使われます。代表的なものを3つ紹介しましょう。

❶雲のメタファー

「『デタッチド・マインドフルネス』は、雲のなかにいるあなたのそばを、別の雲が通り過ぎていくのを見つめるのに似ています。

そもそも雲とは、地球が自分の天気を管理するための大きなシステムの一部。雲の形を変えてみたり、雲の動きをコントロールするのは不可能だし時間のムダです。通りすぎる雲の観察日記をつけるように、自分の思考や感情も取り扱ってください。雲はやがて通り過ぎていきますが、空に雲があるあいだは手出しをしないでください」

以上の文章を何度か読んでみながら、できるだけ鮮明に雲と自分の関係を思い描いてください。「デタッチド・マインドフルネス」とは、ただひたすら雲の動きを記録する科学者のような感覚だと言えます。

❷電車のメタファー

「自分の心を駅のようなものと考えてみましょう。思考と感情は、駅を通り過ぎる電車です。

電車はホームにいったん停まり、やがて必ず通り過ぎていきます。あなたはホームに立つ見物人になり、ただ電車が通り過ぎていくのを見てください。電車に乗り込まない限り、別の場所に着いてしまう心配はありません」

こちらのメタファーでは、思考や感情を「必ず過ぎ去るもの」として認識するところに力点が置かれています。先ほどと同じように、ホームに立つ自分をクリアに想像してみましょう。自分が乗らない電車が通るのを眺める感覚もまた、「デタッチド・マインドフルネス」に近いものです。

❸牧草地のメタファー

「言うことを聞かない牛を牧草地で飼っているとしましょう。このとき、牛のまわりに狭いフェンスをたてて閉じ込めてしまうと、牛は自由を求めて暴れ出して逆に被害が大きくなってしまいます。

ここで本当にすべきは、牛に十分なサイズの牧草地を与えて、どれだけ自由に動き回っても問題が起きないようにしてやることです。アクセプタンスは、このように牧草地のサイズを大きくしてやる行為に似ています。牛が言うことを聞かないのは同じですが、少なくとも問題にはなりません」

おもしろいことに、たいていの人は、これらのメタファーを理解しただけでも「デタッチド・マインドフルネス」をある程度まで使えるようになります。調教師が獣との接し方を理解したおかげで、意識的に距離を置こうとがんばり始めるのです。

次にあなたのなかで獣が暴れ出したら好きなメタファーを思い出し、雲や牛をながめる気持ちで感情を観察してください。「自由連想タスク」を行なったときの感覚を思い出し、あなたの内面に起きた変化を遠巻きに見つめてみるといいでしょう。それだけでも、獣の暴走から身をかわせる確率は格段に上がります。

STEP2 聖域を作る

いかなる禅マスターだろうが、普段のトレーニングや仕事は静謐に管理された禅堂で行うもの。「レ・ミゼラブル」で有名な文豪ヴィクトル・ユーゴーも、事前に使用人にすべての服をわたしておき、執筆が終わるまで全裸で過ごしてどこにも出かけられないように自らを追い込んだそうです。

「デタッチド・マインドフルネス」の感覚がわかったら、続いて新しいスキルを身につけるための環境づくりを行いましょう。獣の注意をひきそうなものをあらかじめ排除し、仕事場をあなただけの「聖域」に作り変えるステップです。

もちろんユーゴーの手法を真似すべきとは言いませんが、獣とうまくつきあうには、前もって環境を整備しておく作業が絶対に必要となります。行動経済学の世界では「選択的アーキテクチャ」と呼ばれる考え方で、「デタッチド・マインドフルネス」をうまく使うには欠かせません。

聖域を作る方法は無数に存在するため、ここでは基本的なガイドラインをお伝えしましょう。

❶場所の管理

まずやるべきは作業場のコントロールです。言うまでもなく、整理整頓ができていない職場や勉強部屋は、獣の注意を大きく分散させてしまいます。

床に置きっぱなしのマンガ、薬やタオルなどの日用品など、作業に不要なものはすべて獣の注意を引き、調教師のパワーを弱めます。なかでも食欲と性欲にまつわるモノは獣の暴走につながりやすいため、徹底的に取り除いてください。

第3章で紹介した「儀式」の考え方を使い、「1日のはじめには作業場を片づける」というルーチンを設定しておくのもいいでしょう。基本的に仕事場には、作業に使う資料以外にはなにもない状況が理想です。

以上を大前提として、その他のTIPSを紹介します。

◉専用スペースを用意する

部屋の整理と同時にやっておきたいのが、作業場の「専用スペース化」です。自

分がやるべきタスクの種類によって、専用の作業エリアを用意してください。いくつか例を挙げましょう。

- **勉強をするときはリビングルームだけで行う**
- **仕事をするときは自室のデスクだけで行う**
- **自宅で運動をするときはキッチンの近くだけで行う**

ひとつのタスクに特定のエリアを割り振ったら、その作業は必ず決めた場所だけで行うようにします。どうしても集中力が続かなくなったときは、いったんその場所から離れて別の場所で休憩するよう心がけましょう。

わざわざタスクごとに専用スペースを設けるのは、「ここは大事な作業をする場所なのだ」と獣に教え込むためです。人間の脳は「場所」と「情報」を結びつけて脳内のデータベースに記録する性質があり、何度も同じことをしている場所に行くと、自然といつもの行動を取ろうとします。

その効果は30年におよぶ研究で何度も確かめられており、学生を対象に行われた実験では、勉強専用のスペースで学習を行った被験者は、そうでないグループよりも成績が20〜40%の範囲で向上しました(12)。獣が「この場所では勉強をするものなのだ」と覚えたおかげで、普段よりも感情が乱れにくくなったからです。

◉スペースをカスタマイズする

なかには、自宅に専用の部屋を用意するだけのスペースがなかったり、会社で特定の作業スペースしか提供されないケースも多いでしょう。特に現代のオフィスには問題が多く、空間が開けたような作業エリアでは、パーティションに囲われた仕事場より64%も気が散りやすいとのデータが出ています(13)。

このようなケースでは、作業エリアの「シンボル化」を行ってください。シンボル化とは、具体的に次のような行為を意味します。

- パーティションや家具などで部屋をいくつかのブロックに分け、「この場所では勉強をする」「こちらではリラックスする」「ここでは読書をする」とい

ったように、エリアごとに特定の機能を割り当てる

- **会社の作業デスクを、同僚たちのデスクとハッキリ区別できるようなカスタマイズを行う（「同僚のデスクが汚いなら自分のデスクは徹底的に整理する」「自分しか使わないような特殊なノートや文具を配置する」など）。いったんカスタマイズを終えたら、自分のデスクで食事や仮眠などはせず、ただ仕事だけを行うように意識する**

いずれの手法でも「作業エリア」や「勉強エリア」が脳内でハッキリと区分けされるため、専用の部屋を用意したのと似た効果が生まれます。

部屋を家具で区切るのが難しければ、マスキングテープを床に貼っても構いません。それだけでも獣は、「このエリアは他の場所とは目的が異なるのだな」と納得してくれます。

❷デジタルの管理

現代において、デジタル機器が注意散漫の大きな原因になっていることは、言うまでもありません。絶え間ないSNSやメッセンジャーの通知、唐突に現れるポップアップ画面、やりかけのゲームなど、あらゆる要素が獣の注意を引き寄せ、あなたの集中力を秒で崩壊させます。

近年の研究によれば、スマホの通知で私たちの集中力が切れるまでの時間はたったの2・8秒(14)。通知やポップアップを見た直後からあなたの認知機能は低下し、作業効率はなんと半分にまで下がってしまいます。

デジタル環境のダメージをコントロールする方法を見ていきましょう。

◉専用のPCやスマホを用意する

ぜいたくを言えば、仕事用とプライベート用に、別々のPCやスマホを用意するのが理想です。仕事用の端末からは作業に関係ない「お気に入り」やアプリ、動画、書類などをすべて削除。逆にプライベート用の端末からは、仕事に関係するファイルやアプリをすべて取り除いてください。

その根拠は先ほど見た「作業場のカスタマイズ」と同じで、獣に「この端末は仕事専用なのだ」と認識させるためです。基本的には「作業場のカスタマイズ」のほうが効果は高いものの、なんらかの事情で実践できない方は、こちらのテクニックを使うのもいいでしょう。

●ユーザーアカウントを切り分ける

新たな端末を用意できない場合は、1台のPCやAndroidスマホに複数のアカウントを作り、仕事用とプライベート用で使いわけてみましょう。

仕事用のアカウントからは不要なファイルにアクセスできないよう設定したうえで、獣がアカウントの種類をすぐ判別できるように、プライベート用のアカウントとはまったく違う壁紙に変えてください。と同時に、アカウント間を簡単に移動できないように、複雑なパスワードも設定しておきましょう。

専用端末を用意するよりもやや効果は下がりますが、これでもある程度まで注意散漫を防げます。「作業場のカスタマイズ」が許されない会社にお勤めの方なども、せめてユーザーアカウントの切り分けはしておいてください。

◉スマホの魅力を低下させる

iPhone のように複数アカウントが許可されていないスマホでは、また別の対策が必要になります。アカウントを切り替えられないのなら、スマホそのものの魅力度を低下させるしかありません。

その点でベストな対策は、友人やパートナーにスマホを渡し、「仕事が終わるまで預かっていてくれ」と頼むことです。そのような相手がいない場合は、押入れや戸棚の奥などのめんどうな場所にスマホを放り込みましょう。もちろん、電源はオフにしておいてください。

もし仕事でスマホを使わねばならないときは、あらかじめメイン画面から仕事に不要なアプリを取り除き、ホーム画面をほぼブランク状態に近づけておきます。特にゲームやSNSなどのアプリはひとつのフォルダにまとめ、できるだけ後のページに配置しておくといいでしょう。

ここからさらにスマホの魅力度を下げたいなら、画面をモノクロに変えてしまうのも手です。iPhone の設定で「グレイスケール」をオンにすれば、すべての画面が白黒に変わります。

実際にやってみるとわかりますが、これだけでもスマホの魅力度は相当に下がります。獣は激しい色彩に強くひきつけられる性質を持つため、地味なモノクロの画面にはさほど反応しません(15)。少し想像してみても、モノクロのゲームやインスタグラムをそこまで見たいとは思わないでしょう。日常的な依存を防ぐためにも、スマホのモノクロ化はおすすめです。

◉コンテンツブロッカーを使う

いくら仕事専用の端末を使っていても、どうしてもネットを使わねばならない場面は出てきます。このときに無制限でサイトにアクセスできるようでは、やはり集中力は削がれてしまうでしょう。

なかでも現代において避けるべきはニュースとSNSです。

いまのニュースが私たちの感情を煽る方向に偏りがちなのはご存じのとおりで、怒りをかき立てそうな情報を優先的に報じたり、どうでもいい他人のトラブルを扇情的に扱ったりと、あの手この手でこちらの注意を向けさせようとしてきます。

また、ツイッターを代表とするＳＮＳが礼節を欠く発言であふれているのも周知の事実です。たとえ無礼の矛先がこちらに向いていなくとも、少しネガティブな表現や他人のケンカを見ただけでも、あなたの集中力は激減してしまいます。

約１９００万件ものツイートを分析した研究によれば、ツイッターはネガティブな感情をブーストさせる働きが特に強く、ひとつの罵倒や炎上が温厚なユーザーをも過激化させてしまうとのこと。この問題を避けるには、当たり前ですが情報の摂取を減らすしかありません。

具体的には、「Freedom」などのコンテンツブロッカーを使うと、Windows PCやMac、iPhoneなどの端末でニュースサイトやＳＮＳを遮断できます（https://freedom.to/downloads）。筆者の場合も、コンテンツブロッカーに主要なＳＮＳとニュースサイトを登録し、仕事開始から8時間はつながらないように設定しています。

❸ 音の管理

「音」の対策も、現代では非常に重要です。隣人の会話、エアコンの室外機音、街頭の宣伝放送、建設作業の振動音といった日常のノイズは、すべて獣の注意を引きつける原因になります。

ノイズ対策として現時点でベストなのは、ノイズキャンセリング機能がついたヘッドホンでしょう。ここ数年は騒音カットの技術が格段に進んだため、ソニーやＢＯＳＥなどのハイエンド機種であれば、近所を走るトラックのエンジン音を図書館の物音レベルまで下げてくれます。

もしハイエンドなヘッドホンに手が出ないときは、音楽でノイズをマスキングしてください。わざわざ言われなくとも、すでに作業中はＢＧＭを流しっぱなしにしているという人は多いでしょう。

音楽の効能は古くから知られており、４００を超す研究でストレスの低減とドーパミンレベルの向上が確認されています(16)。音楽をうまく使えば、あなたの集中力が高まるのは間違いありません。

ただし、ＢＧＭの効果を正しく使いこなすには、いくつかのポイントを知っておく必要があります。次に取り上げる点を押さえないと、音楽のメリットは激減してしまうのでご注意ください。

◉外向か内向かを見極める

まずは、自分の性格を見極めましょう。BGMで集中力が上がるかどうかは、あなたのパーソナリティに左右されます（17）。

- **外向的な人＝作業中の音楽で集中力が改善する**
- **内向的な人＝作業中の音楽で集中力が低下する**

外向的な性格の人は外部からの刺激でモチベーションが上がりやすいため、音楽で集中力を高めることができます。一方で内向的な人は外部刺激に敏感なので、音楽で集中力は下がってしまいます。

あなたが外向か内向かを判断するのは簡単で、自分のことを「社交的で情熱的だ」と感じていれば外向的、「ひかえめで物静かだ」と感じていれば内向的です。

もしあなたが内向的な性格なら、作業中は川のせせらぎや風の音といった自然音を流すか、ホワイトノイズで騒音をマスキングするかにとどめてください。どうしても音楽を聴きたいときは、ブライアン・イーノのようなアンビエント系の曲に限定しましょう。

●歌詞がついた曲は厳禁

たとえ外向的な人であっても、歌詞がついた曲を聴くと集中力は低下します(18)。作業中に人間の声を聞くと、獣は反射的に内容を解読しようと試みるため、どうしても脳の処理能力が奪われてしまうのです。

また、たとえ歌詞がついてなくとも、曲調やテンポが複雑に変わるような音楽も集中力アップには向きません。曲の情報量が多いせいで、やはり獣の意識が向かいやすくなってしまいます。

この問題ばかりは、どんな手段を使っても解決できません。作業中のBGMはシンプルなインストゥルメンタルのみにしてください。

●作業の合間に音楽を聴くとパフォーマンスは高まる

トロント大学の有名な実験により、ひとつの作業を終えた後で音楽を聴いた

場合には、次のタスクのパフォーマンスが上がることがわかっています(19)。ここで聴く音楽は、あなたが耳慣れた曲を選ぶのがベストです。好きな曲を聴くほど獣は安心感を覚え、次の作業への集中力が上がりやすくなるからです。休憩中は、ひたすら好きな曲に専念しましょう。

STEP 3 調教師を切り離す

環境を整え終わったら、最後は「自己を観る」能力を伸ばすステップです。その手法はいくつも開発されているため、ここでは「メタ認知療法」や「ACT」などの最先端な心理療法の世界で推奨される技法を2つだけご紹介します。

❶ ムード・スコアリング

ムード・スコアリングは、大事な作業から注意がそれたときに、あなたの内面に起きた感情の変化をパーセンテージで採点するトレーニング法です。

たとえば、作業中にふと仕事とは関係ないサイトをチェックしたくなったら、次のように自分の内面を診断していきます。

「なんか退屈感がわいたせいでネットを見たくなってるなぁ。退屈感の強さは40%ぐらいかな。そういえば、退屈の他にも軽くイライラがあるみたいだ……。このイライラは20%ぐらいだな。

あと、よく考えたら、奥の方に何だか『仕事を投げ出して逃げたい気持ち』もあるな。これは……10%ぐらいか？　そんなことを考えてたら、イライラが減って10%ぐらいになったぞ」

このように、感情の変化をリアルタイムで実況してください。感情の強度が最高に強いときは100%で、何の感覚もないなら0%をつけましょう。

人間の集中力が乱れるときは、多かれ少なかれ必ず感情の変化が起きます。獣が目の前の作業に飽きたのか、それとも何か別の対象に興味を引かれたのかはわかりませんが、いずれにせよ感情のパワーであなたを別の方向に動かそうと試みている状態です。ここで何も対策を取らなければ、「退屈を感じた→ゲームをしよう」や「イライラした→お菓子でも食べよう」といったように、感情のままに行動してしまうでしょう。

が、ここでムード・スコアリングを使えば、自分の変化を客観的に見つめることが可能になります。そのおかげで調教師が感情から切り離され、理性を失わずに済むのです。

❷感情の物質化

ムード・スコアリングは手軽で効果が高い手法ですが、いざ実践した際に、自分の感情をとっさに言葉にできないこともあるでしょう。「なんかネガティブな感じがするけど、退屈ともイライラとも違うし……」といったように、適当な表現が見つからないパターンです。

そんなときは、「感情の物質化」を試して見てください。作業中になんらかの感情がわき上がったら、「いまの気分が物体だったらどのような感じだろう?」と考えてみるトレーニングです。

たとえば、仕事中にスマホを触りたくなったら、次のように感情を観察していきます。

「いまの感情はなんとなく濃いグレーで、みぞおちのあたりにテニスボールサイズの物体がおさまって細かく振動してる感じ……。あと首の付け根にも毛玉みたいな感情が埋め込まれているな……」

「もしも感情が物体だったら？」と想像しつつ、そのイメージを科学者のように見つめるのがこのテクニックのポイントです。うまくイメージできないときは、以下のような質問を自分に投げかけてみてください。

- その感情はどのような色をしているだろうか？
- その感情のサイズは？　豆ぐらい？　テニスボールサイズ？　ビルぐらい？
- その感情は、自分の体内のどのあたりに位置しているだろうか？　どれぐらいのスペースを取っているだろうか？
- その感情に触ったら、どのような感触がするだろうか？　硬い？　柔らかい？　ザラザラか　なめらか？
- その感情はどれぐらいの温かさだろうか？　熱い？　冷たい？　室温？
- その感情に動きはあるだろうか？　振動している？　静止している？　脈打っ

ているとすれば、どれぐらいのスピードだろうか？

このトレーニングもまた、長く続けるほど獣の反応に対する理解が深まります。「作業にちょっと詰まると、獣はいつもネットに目を向けさせようとするなぁ……」や「どんな仕事をしていても、1時間ぐらいで獣が食欲をぶつけてくるな……」といったように、注意散漫が起きやすいタイミングや状況がつかめていくのです。

この心構えが事前にできていれば、いかに集中が切れそうになっても、調教師は獣に巻き込まれにくくなります。これから再び集中力が切れそうな場面になったら、ぜひ「これは調教師を鍛えるチャンスなのだ」と思ってみてください。

集中力を高めるにあたって、「感情の切り離し」は必ず役に立つスキルです。ついSNSをチェックしたくなったときや、仕事が進まないイライラから逃げたくなったときなど、あなたの注意をそらす感情からいったん距離を置ければ、すみやかにもとの作業にもどることができます。

ただし、このときに自分の感情を意図的にコントロールしようとはしないでください。

「退屈だからもっと楽しい気分にならねば！」や「イライラを抑えないと！」と思ったところで、絶対に獣は応じてくれません。それどころか、「牧草地のメタファー」で見たように、無理に感情を抑えつけようとすると、獣は逆に激しく抵抗する性質を持っています。ただ感情の波を採点し続け、獣の支配力が衰えるのを待つのが「自分を観る」際の最重要ポイントです。

退屈で勉強を止めたくなったらその感情を採点してまた淡々と勉強にもどり、仕事が難しくてイライラしたらその感情を採点してまた淡々と仕事にもどる……。

最初は難しいかもしれませんが、何度もくり返すうちに調教師が感情から距離を取る能力を身につけます。いったんこのスキルが備われば、集中力が切れそうな状況でも「あ、これはいつもの退屈だな」や「またおなじみのイライラが出てきたな」といった余裕が生まれ、前よりも簡単に注意をもどせるようになるはずです。

あなたにできるのは、あくまで獣が猛り狂う姿を遠巻きに見つめ、自然と暴走が収まるのを待つことだけ。このポイントさえ間違わなければ、集中力を失わずに済む確率は格段に上がります。

第 6 章

Chapter 6

諦めて、休む

～疲労とストレスを癒すリセット法～

1

集中力は「あまのじゃく」

本書の最後に、集中力アップを考えるうえで、もっとも見過ごされがちなポイントを見ておきましょう。このポイントを押さえておかないと、ここまで紹介してきた集中力アップテクニックの効果が激減してしまうことがわかっています。果たして、どのような要素だと思われるでしょうか？

答えは、「いったん集中力を諦める」ことです。

最後の最後で何を言い出したのかと言われそうですが、長期的に高い集中力をキープしたいなら、ものごとを「諦める」スキルは欠かせません。というのも、なぜだか集中力が発揮できない人たちは、以下のような心理的な特徴があるケースが多いからです。

①集中力を追い求めすぎる

②集中力がない自分を責めすぎる

まずひとつめが、「集中力を強く欲する人ほど集中力は下がってしまう」という問題です。もちろん「集中力を高めてハイパフォーマーになるのだ！」といった目標は決して悪いものではありませんが、実はあなたの集中力をさまたげる要因にもなりえます。

これはフロリダ州立大学の研究であきらかになった事実で、「高い集中力とセルフコントロール能力が欲しい」と答えた被験者ほど、実際には目の前のタスクに集中して取り組めない傾向がありました（1）。集中力を追い求める人ほど、実際のパフォーマンスは低かったわけです。

メカニズムを簡単にご説明しましょう。

まず前提として、どれだけ科学的に正しいテクニックを使っても、集中力を発揮できない場面は必ず訪れます。何度もお伝えしてきたとおり、獣がもたらす注意散漫の影響はとても大きく、つねにパーフェクトな集中力を発揮できる人など存在しません。

ところが、ここで集中力にこだわり続けると、そのうち調教師が「自分には能力がないのだ」と考え始めます。集中力に意識が向きすぎたせいで、自らのいたらなさが強調されてしまったからです。

この思考が何度も続くと、やがて第5章で見た「物語の転換」が起きます。「自分は集中力がない人間なのだ」という新たな物語が獣にも伝わり、アイデンティティの一部になってしまうのです。

こんな心理状態では、大事な作業へのモチベーションがわくはずもないでしょう。「青い鳥」よろしく、集中力は追えば追うほど見つからない性質を持っているわけです。

そして、もうひとつ問題なのが「集中力がない自分を責めすぎる」パターンです。

失敗を嫌うのは人間の性《さが》ですが、集中力が出ないたびに自分を責めていては身がもちません。近年の心理学でも、「自責の念」が人間のパフォーマンスにおよぼす悪影響の強さが何度も確認されてきました。

たとえば代表的なのは、ザルツブルク大学による２０１４年の論文です(2)。

手始めに研究チームは、被験者たちに「自らを尊敬できているか?」や「自分に対してネガティブな感情を抱くことがどれぐらいあるか?」といった質問を重ね、それぞれが持つ自責の念をチェック。その結果を全員のＭＲＩデータと照らしたところ、自分を責める回数が多い人ほど大脳《だいのう》皮質《ひしつ》の灰白質《かいはくしつ》が少ない傾向がありました。

灰白質は脳の神経細胞が集まった部分で、感情のコントロール機能に関わっています。調教師がうまく働くためには灰白質のサポートが欠かせず、その総量が減れば、当然ながら集中力も大きく下がります。

自責の念によって脳が小さくなるのは、灰白質がストレスに弱いからです。他人から怒られたストレスや会社が嫌いなストレス、友人と喧嘩したストレスなど、どのようなタイプの心的負担も脳細胞にダメージを与え、適切に対処しない限り灰白質は減ってしまいます。

しかし、**数あるストレスのなかでも、「自責の念」はもっともタチが悪い存在です。**

他人や環境がもたらすストレスであれば、一時的に距離さえ置ければ、とりあえず身をかわすことができるでしょう。嫌いな相手は避けて行動すればいいですし、どうしても会社がツラいなら最悪やめてしまう手もあります。

一方で、思考は自分の内側から襲いかかるため、簡単に避けられません。なにも対策を取らなければ、作業に失敗するたびに「また集中力が出なかった」や「がんばりが足りないのだ」との気持ちが頭をめぐり、そのたびに少しずつ灰白質を削りとっていきます。まさに「私の敵は私です」といった状況です。

いずれも難しい問題ですが、そこで現代の科学が出したのは「諦める」という結論でした。目標を達成できなかった自分、集中力が出ない自分、目の前の欲望に負けた自分などをいさぎよく受け入れるほかに、2つの困難を解決する道はないのです。

これは「セルフ・アクセプタンス」と呼ばれる考え方、ひとことで言えば「ムダな抵抗は止めなさい」といった意味になります。

くり返しになりますが、集中力に絶対はありません。どれだけ科学的に正しいテクニックを使おうが必ず失敗は起きますし、万全を期したつもりでも集中力が出ないケースはいくらでもあります。獣の暴走はいつか必ず起きるものなので、いちいち嘆くだけ時間のムダです。

ならば、はじめから失敗を前提としてとらえ、少しのトラブルには動じない心を育てておくほうがよいのは当然のこと。もし失敗が起きたとしても、なすべき作業に淡々と目を向けなおすのが最適解でしょう。

が、ここでよくある誤解は、「セルフ・アクセプタンス」を「失敗なんて気にするな！」や「ありのままの自分でいよう！」といったアドバイスと同じように考えてしまうケースです。

当然ながら、失敗は気にする必要がありますし、ありのままの自分にこだわっていては成長が望めません。重要なのは自分の不完全さを認めたうえで失敗を冷静に分析し、ゴール達成の糧に使うことです。**つまり「セルフ・アクセプタンス」とは、自分との悪い関係性を再構築する手法と言えるでしょう。**

2 ネガティブな思考をカチッと切り替えるセルフ・アクセプタンス

「セルフ・アクセプタンス」を鍛える方法はいくつも開発されており、ここでは定番のテクニックを4つ取り上げます。

いずれも心理療法の現場で実際に採用されている手法で、不安症に苦しむ患者の集中力アップや、ダイエットに悩む人のセルフコントロール改善に大きな効果が確認されたものばかりです。まずはざっと最後まで読み進め、できそうなものから試してみてください。

セルフ・イメージング

まずは、カリフォルニア大学が開発した「セルフ・イメージング」を紹介しましょう。自分の失敗をクヨクヨと悩んでいるときや、ネガティブ思考にとりつかれてうまく集中できない場面などで効果的なテクニックです。

「セルフ・イメージング」は以下のステップで行います。

①失敗を悩んでいる自分に対して、友人が思いやりと理解を持ってアドバイスをしてきたところを想像する
②その友人がどんな言葉をかけてきたかを細かく思い描き、紙に書き出す

単純なテクニックですが、この手法を使った被験者は、ポジティブシンキングを使ったグループに比べて格段にセルフ・アクセプタンスのレベルが上がり、失敗を乗り越えて前に進むモチベーションが向上しました(3)。

いくら自分に厳しい人でも、友人に対しては優しい言葉をかけたくなるものです。その思いやりの気持ちを、イメージの力で自分の失敗に向けてやるのがこのテクニックのポイント。ゴールを達成できずに落ち込んだときなどは、すかさず「セルフ・イメージング」で失敗を受け入れて、次に進みましょう。

レスト・オブ・ライフ

「レスト・オブ・ライフ」は、ACTのような第三世代系の心理療法でよく使われる技法です。やり方は簡単で、自己批判の気持ちがわいてきたら、以下の質問を自分に投げてください。

・いまの悪い状況は、「自分には集中力がない」や「もう目標を達成できそうもない」という考え方を証明するエビデンスとして使えるだろうか?

普通に考えれば、たったひとつの失敗だけで「自分は集中力がない人間なのだ」や「もう目標は失敗だ」と決められるケースなどほぼありません。それにもかかわらず失敗に悩みがちな人は、1回のトラブルにも気持ちがくじけてしまい、あたかも生まれつきダメな人間であるかのように自分を責めてしまいます。

この状態を放っておくと、少しずつ獣が「自分には集中力がない」という物語を信じ始め、いよいよ対処が難しくなっていくでしょう。ネガティブな思考がわくたびに「いまの考え方にエビデンスはあるか？」と考えて、自責の念をこじらせないように対処しておいてください。

2分コミットメント

こちらも心理療法で使われる技法で、事前にセルフ・アクセプタンスを行うタイミングを決めておく手法です。具体的なステップは次のようになります。

①1日6回だけ、必ずセルフ・アクセプタンスを行う時間帯を決める（起床後や寝る前など）

②決めた時間が来たら「過去の失敗体験」や「ネガティブ思考」を思い出し、2分だけ批判しないまま放っておく

あらかじめ1日のどこかで「自分のことを絶対にジャッジしない時間帯」を作っておき、その時間だけはどんなにネガティブな思考が浮かんでも、そのまま放置しておくわけです。第6章で取り上げた「自己を観る」トレーニングの一種としても使えるため、長く続けるほど獣から距離を置くスキルも身につきます。

ポジティブリソース法

失敗に対してもっと積極的に立ち向かいたい人は、こちらの「ポジティブリソース法」も試してみてください。ミシガン大学が考案した手法で、基本的な考え方は非常にシンプルです。

・ゴールを達成できなくて自責の念がわいたら、なにか仕事や勉強に役立つ新しいことをする

難しいことは考えずに、なんらかの失敗が起きたらあえて新たなことにチャレンジしてみましょう。たとえば、企画書の締め切りに遅れて落ち込んだら使ったことがない経理ソフトを試してみたり、勉強が予定どおりに進まず焦ったら試したことがない学習法に手をつけてみたりと、あなたにとって新鮮なタスクを選んで積極的に実践してください。

ミシガン大学の実験では、「ポジティブリソース法」を使った被験者は、「好きな音楽を聴く」や「マッサージを受ける」などの平凡な気晴らしを行ったグループよりも失敗のストレスに強くなり、その後の作業にも高い集中力を保てたそうです（4）。

この結果について、研究チームは「ネガティブな気持ちに立ち向かうには、何か新しいことを学んでポジティブなリソースを作り出すのが大事だ」と言います。普通の「気晴らし」はストレスによる体の緊張をやわらげる効果がメインですが、「新しいことをや

る」という行為には前向きな要素があるため、いったん落ち込んだ調教師が新たなエネルギーをとりもどすきっかけになるのです。

「ポジティブリソース法」を使う際は、以下の点に注意してください。

❶「強み」が使えるものを選ぶ

「VIA SMART」（170ページ）の項でもみたとおり、あなたの「強み」を日常的に活かすほどメンタルは改善します。この考え方は「セルフ・アクセプタンス」にも有効で、「強み」を活かせるタスクを選んだほうが自責の念に強くなり、最終的に集中力も高まります。ぜひ「VIA」テストで自分の「強み」を把握しておきましょう。

❷「学べる」ものを選ぶ

新しい知識やスキルを得られる行動を選ぶのも、「ポジティブリソース法」の大事なポイントです。「新しいソフトの使い方を覚える」や「統計の学習に必要な本を読む」など、将来の自分に役立ちそうな作業を選んでください。そのほうがポジティブなリソースの量が増え、失敗に強いメンタルが育ちます。

3 疲労とストレスを科学的にリセットする方法

長時間労働で失われた集中力を、少しでも取り戻そう

「集中力を諦める」マインドと同時に身につけておきたいのが、「正しく休む」スキルです。

どれだけ適切な栄養で体を満たそうが、どれだけ獣を扱うスキルを駆使しようが、そこにはやはり限界が存在します。肉体が疲れ切ったら集中力を保つのは不可能ですし、精神的なストレスがたまりすぎれば頭は動きません。

特に調教師は精神的なストレスに弱いため、定期的なリセットをサボれば、獣に心をハイジャックされる確率が激増します。仕事の疲れが原因でジャンクフードを食べすぎてしまったり、勉強に根を詰めすぎた反動でネットの動画を2時間も見続けてしまった

りといったシチュエーションが典型的な例です。

２０１６年、慶応大学とメルボルン大学がおもしろい調査を行いました。研究チームは約６５００人の男女を集め、全員に普段の仕事ぶりを聞いたうえで集中力や記憶力などのテストを実行。すべてのデータをまとめて次の傾向をあきらかにしました（５）。

- **週に30時間より多く働くと、認知機能にネガティブな影響が出る**
- **女性の場合は、平均で週に22〜27時間の労働がベスト**
- **男性の場合は、平均で週に25〜30時間の労働がベスト**

研究では３つの認知テストが行われ、いずれも認知機能が最大化したのは労働時間が週に25〜30時間の範囲におさまった人でした。一方で労働時間が週に50〜60時間を超えた場合は、記憶力が下がり、頭の回転も遅くなり、集中力も激減していたそうです。

「労働時間が長くなるほど認知機能が下がる」との報告はほかにも多く、働きすぎの疲れが集中力に悪影響をもたらすのは間違いありません。レオナルド・ダ・ヴィンチの言葉にもあるとおり、「仕事にへばりつく人間は判断力を失う」のです。

考えてみれば当然でしょう。人類学の研究によれば、アフリカでいまも原始的な暮らしを送る狩猟採集民の労働時間は平均で週に20〜28時間に過ぎず、残る時間の多くは、睡眠、休息、遊びのいずれかに費やされます（6）。人類が週に40時間も働くようになったのは、進化の過程から見ればごく最近のできごとなのです。

無論サバンナの暮らしは厳しくて過酷なものですが、少なくとも狩猟採集民が先進国の人間よりたっぷりと休息を取っているのは間違いありません。私たちの心と体は、週に40時間を超すような労働にはまだ適応できていないと考えるべきでしょう。

とはいえ、現代で週の労働を30時間におさめるのが難しいのも確かです。OECDの調査によれば日本人の労働時間は平均で週に45時間ほどで、働きざかりの30代なら週60時間の労働も珍しくありません。ただ「働きすぎをなくそう！」と声をあげたところで、なんの解決にもならないでしょう。

そこで、疲労やストレスによる集中力の低下を防ぐために、ここから「科学的に正しく休む方法」をいくつか紹介していきます。実践しやすい順番に並べていくので、もし現時点で適切な休憩を取れていないなら、レベル1から少しずつ取り入れてみてください。

レベル1 マイクロブレイク

「マイクロブレイク」は、数十秒から数分の休憩を細かく取る手法です。もっと長く休めるならそれに越したことはないものの、どうしても長時間の休憩が取れないときは、せめて「マイクロブレイク」を実践してください。

ある研究では、被験者にＰＣのモニタを見つめ続ける作業を指示し、その合間にたった40秒だけ花と緑が映し出された自然の写真を見せたところ、作業への集中力が高いレベルで維持され、タスクのエラー率も大きく減ったとのこと(7)。もちろん肉体的なダメージを癒すには足りませんが、脳が感じた一時的なストレスを解くだけなら40秒でも効果は得られます。

もし脳になんらかの疲れを覚えたら、ちょっと自然の画像を見てリフレッシュするか、部屋の窓から大きな雲などを眺めてみてください。それだけでも、生産性の低下を防ぐことができます。

レベル2 タスクブレイク

休憩が下手な人にありがちなのが、作業を止めて休んだとたんに獣が暴走を始めてしまうケース。ちょっと5分だけと思って手を出したスマホのゲームにのめりこみ、気づいたら30分が過ぎて仕事のやる気を失ってしまうようなパターンです。

心当たりがある方は、「タスクブレイク」を試してみてください。重要で難しい仕事のあいまに、簡単なタスクをこなしてみるという方法です。

簡単なタスクの内容はなんでもありで、メールチェックをするもよし、業務のメッセージにスタンプを返すもよし、今後のスケジューリングをするもよし、プライベートで必要な日用品をネットで買うもよし。深く考えずにすぐに完了できそうな作業なら、「タスクブレイク」として使えます。

簡単なタスクには一時的に脳の回転数を落とす作用があり、これでもある程度まで調教師の疲れを癒せます。と同時に、完全に獣を仕事から切り離すわけではないため、作業へのモチベーションも保つことができるわけです（8）。

重要な作業を行う前に、簡単にできそうなタスクをいくつもリストアップしておくといいでしょう。

レベル3 アクティブレスト

「アクティブレスト」は、軽く体を動かして脳をリフレッシュさせる方法です。休憩中に軽く散歩をする人は多いでしょうが、最近の研究では、どんなに軽い運動でも想像以上のメリットを得られることがわかってきました。

たとえば学生を対象にした実験では、最大心拍数の約30%という負荷で10分の運動を行っただけでも被験者の脳機能が改善し、認知テストの結果では集中力と記憶力に有意な向上が見られています(9)。

「最大心拍数の約30%」という負荷は、ほぼ普通のウォーキングと変わりません。このレベルの運動で集中力が上がる理由はハッキリしませんが、多くの研究者は血流アップと脳内ホルモンの変化が原因だと考えています。ほんの10分の軽い散歩でも集中力が上がるのだから、定期的に実践すべきでしょう。

レベル4 ハイパー・アクティブブレイク

ハイパー・アクティブブレイクは、散歩よりもさらに激しい運動で脳を休ませるテクニックです。

「そんなに運動したら疲れてしまう!」と思うかもしれませんが、こと集中力アップについてはまったく話が異なります。マギル大学の実験データによれば、エアロバイクで15分のスプリントをした被験者は、その後で行った認知タスクの成績が大幅に改善したとのこと(10)。激しい運動には、かなりの集中力アップ効果があるようです。

このような現象が起きるのは、激しい運動が脳のメモリを解放してくれるからです。スプリントなどで心拍数の限界まで体を動かすと、誰でも難しいことは考えられなくなるでしょう。そのおかげで脳にたまったストレスが解き放たれ、調教師が重荷を下ろしたような状態に変わります。結果として大きなリフレッシュ効果が生まれて、次のタスクへの集中力が上がるわけです。

運動の強度は、息が荒くなって会話ができないレベルを目指してください。この基準さえ満たせば、エクササイズの種類はランニングでもなわとびでもなんでも構いません。ただし、言わずもがなですが、睡眠不足のときや体が疲れ切ったときなどには、激しい運動は厳禁です。肉体のダメージが回復していない状態で心拍数を上げると、ストレスが強くなりすぎて脳機能が下がってしまいます。この手法は、あくまで体調が良いときに使いましょう。

レベル5 米軍式快眠エクササイズ

ストレスや疲労の回復には質の良い睡眠が必須。目覚めの悪かった日には、誰でも頭が働かなくなるのが普通です。

基本的に、睡眠不足による集中力の低下は、しっかりと眠り直すことでしかリカバーできません。日中の眠気が原因で作業に集中できないときは、毎晩の睡眠を見直すのはもちろん、せめて30分の昼寝をしてダメージを回復させてください。

さて、睡眠の改善法は類書でも広く扱われているため、ここでは「米軍式快眠エクササイズ」だけをご紹介します。その名のとおり米軍がパイロットのメンタル改善用に開発したテクニックで、スポーツ心理学の知見をベースに組み立てられたものです（11）。

米軍の実験では、この方法を使ったパイロットのうち、96％が120秒以内に眠れるようになったというから驚くべき成果です。夜中にぐっすり眠れない人や、昼寝が苦手な人などはぜひ試してみてください。

「米軍式快眠エクササイズ」は、5つのステップで行います。

STEP1 顔リリース

イスに座るかベッドに横たわってリラックスしたら、まずは顔のパーツに意識を向けていきます。ゆっくり呼吸をしながら、次の順番で顔の筋肉をゆるめていってください。

- **おでこ→眉間→こめかみ→目の周り→頬→口の周り→あご**

筋肉の力を抜く感覚がわからないときは、いったん各パーツに思いっきり力を込めてから、ふっと弛緩させてみましょう。特に目のまわりの筋肉はリラックスが難しいので、眼球が頭の奥に沈み込んでいくようなイメージを浮かべるとやりやすいはずです。

STEP2 肩リリース

顔の次は肩の力を抜きます。肩が生命を失って地中に沈み込んでいくようなイメージを浮かべつつ、ダラリと力を抜くのがポイント。ゆっくり呼吸しながら、肩の力をゆるめてください。

STEP3 腕リリース

次は腕に意識を向けましょう。肩と同じよう両腕が地中に沈むイメージで、力を抜いていきます。なかなか力みが取れなければ、いったん手をギュッと握ってから開いてみましょう。腕をゆるめた後は、手のひらや指からも同じように力を抜いて終了です。

STEP4 足リリース

足も同じように力を抜いていきます。両足が床に沈み込む様子をイメージし、足の自重が地面を押すに任せてください。こちらでも、力みが取れないときは、いったん足全体に力を込めてからゆるめましょう。

STEP5 思考リリース

最後に10秒だけ「何も考えない」時間を作ります。

獣はネガティブな思考に弱いため、明日の仕事や過去に起きた嫌な体験などが頭に浮かぶだけでも筋肉に力が入ってしまいます。これを防ぐために、10秒だけ思考を遮断してください。

もっとも、いざ「考えるな」と言われると逆に身構えてしまい、頭のなかにネガティブな思考がめぐってしまう人もいるでしょう。そんな時は、以下のようなテクニックを使うのが有効です。

- **「考えるな、考えるな」と10秒だけ頭のなかでくり返す**
- **静かな湖畔でカヌーに乗り、青空をボーッと見ているイメージを浮かべる**
- **暗い部屋でハンモックに揺られている様子をイメージする**

これでエクササイズは終了です。この手法の効果には個人差があり、人によっては顔から力を抜いただけで寝入るケースもあれば、思考をリリースしても入眠できないケースもあるでしょう。

もし最後のステップで眠りに入れなかったときは、気にせず最初の手順からくり返してください。何度かエクササイズを行ううちに、体から緊張が解ける感覚がつかめるようになり、睡眠の質も上がっていくはずです。


オーバーワークが当たり前な現代では、「諦めて休む」スキルは重要な自衛策のひとつです。自責の念と疲労感で調教師をいじめ続ければ、やがて獣の暴走を止める者がいなくなってしまいます。

「諦める」と「休む」の2つはどちらから手をつけても構いませんが、精神的な悩みが深ければ「諦める」気持ちを重点的に鍛え、肉体的な疲労が問題なら「休む」ほうを優先したほうがいいでしょう。なかでも日中の疲労感が強い方は、まずは「米軍式快眠エクササイズ」などで睡眠の改善を心がけてください。

長い人生においては、「諦めて休む」ほうがいい場面は必ず訪れます。すでに最善を尽くしたなら、それ以上はいくら心配しても事態は改善しません。あとは三十六計、休むにしかずです。

おわりに

「ヤバい集中力」を手に入れるのは、実に難しい作業です。

獣とのバトルに勝つためには、毎日のように細かく報酬の予感を調整する必要がありますし、長期的には儀式をくり返して自分なりの物語を編み変えねばなりません。そのプロセスでは激しい感情に立ち向かうスキルを求められ、そのたびに心身は消耗していきます。

「そんなに欲望を抑えつけて楽しいのか？」

本書を読んで、そう感じた人もいるかもしれません。

そもそも人間の本性とは注意散漫がデフォルトだったはず。ならば集中力の向上など諦めて、獣の指示に従って生きるべきではないか？　原始の欲望に身をゆだねて暮らすのが本来の生き方ではないのか？　そんな発想が浮かぶのは不思議ではないでしょう。

確かに、古来より似たような思想は少なからず存在します。

たとえば古代ギリシャのキュレネ学派は、瞬間的快楽だけを善だと考え、できるだけ目の前の喜びを集めることこそが最上の人生なのだと主張しました。自制のために日常をルールで縛りつけて自由を失うぐらいなら、そのときどきの快楽に飛びついたほうが良い、という考え方です。

もちろん、この発想を完全に否定はしません。あまりにストイックな暮らしは窮屈ですし、目先の喜びがなければ長期のゴールに向かう気持ちも生まれないでしょう。進化の過程では、目の前の瞬間を生きられる生物がおおむね生き残ってきたのも事実です。が、商品とサービスが高度化した現代社会においては、瞬間的な快楽を求め続ける人生は、逆にあなたの自由を奪うことになります。

食べたいときに美味しいものを食べ、好きなときに楽しいゲームで遊び、やる気が出なければ仕事を休み、何にも縛られない自由な生き方をする……。

そんな暮らしにあこがれる人も多いかもしれませんが、実際のところ、そこにあなたの自由意志はほとんど存在しません。ここでいう自由な生き方とは、裏を返せば、食品の提供者の狙いどおりに食欲を刺激され、ゲームのクリエイターの思うままに射幸心を操られ、やる気のなさを言い訳に自らの行動を縛りつけた状態だと言えるからです。「何にも縛られない自由な生き方」といえば聞こえが良いものの、その実態が、他人の手で欲望をコントロールされているに過ぎないケースは珍しくありません。

このような意味で、「ヤバい集中力」を手に入れる作業は、あなたに真の自由を与えてくれます。内なる獣と正しくつきあうスキルとは、他者から欲望を操られ続ける状態を脱して、人生の主導権を握りなおすことでもあるからです。

本当の自由を手に入れるためには、あえて自分自身でブレーキを踏むしかありません。それは決して堅苦しい生き方ではなく、人生のコントロール権をとりもどし、長期的にあなたをより大きな幸せに導くポジティブなプロセスなのです。

「ヤバい集中力」実践ロードマップ

本書で取り上げたテクニックは、いずれも複数のメタ分析やRCTで効果が確認されたものが大半です。どれかひとつを試してみるだけでも、ほぼ確実にあなたの集中力はアップするでしょう。

とはいえ、それぞれの手法はエビデンスの質に差がありますし、テクニックごとの効果量が大きく異なるのも事実。そのため、とりあえずはデータ上で高い効果が認められたものから手をつけ、集中力がどこまで改善するかを確かめていくほうが成果は出やすいはずです。

そこで最後に、本書のテクニックを万全に使いこなすためのロードマップをご紹介します。以下のガイドラインは、実践が簡単で効果量が大きいテクニックから順にステップアップしていけるように組み立てました。

最初は手軽なものから試し、それに慣れたら、効果が出るまで時間が必要なテクニックにチャレンジ。長期的に調教師をトレーニングし、ちょっと獣が暴走したぐらいでは動じないメンタルを目指しましょう。

レベル0　体調を整える

体調の管理は脳がうまく働くための基本。ここが崩れていては、いくら正しい心理テクニックを使っても付け焼き刃の効果しか得られません。

体調が悪くて集中できない人は、「MIND」（63ページ）の食事を最低でも7割はクリアするのに加え、「ハイパー・アクティブブレイク」（238ページ）と「米軍式快眠エクササイズ」（239ページ）を導入して体力と睡眠の質を改善してください。

ちなみに、カフェイン（50ページ）の使用はあくまでオプションなので、無理に手を出す必要はありません。

レベル1　質問型アクションの徹底

数ある心理テクニックのなかで、信頼性、即効性、効果量のバランスがもっとも良いのは「質問型アクション」（104ページ）です。いきなり複数のスキルに取り組むのが大変なときは、まずは「質問型アクション」のマスターを目指してください。

1日のはじめに「デイリータスク設定」（97ページ）を行ったうえで、「質問型アクション」のフォーマットに落とし込んでいくといいでしょう。

レベル2　障害コントラストの導入

「障害コントラスト」（99ページ）も、高い効果量が認められたテクニックのひとつ。「報酬感覚プランニング即効簡易版」（112ページ）のステップを参考に、「質問型アクション」とセットで使うのがおすすめです。

レベル3　聖域作り

「報酬感覚プランニング即効簡易版」で日々のタスク管理に慣れたら、次は「聖域作り」（199ページ）を考えるのが効率的です。特に「場所の管理」（200ページ）と「デジタルの管理」（204ページ）は手軽に効果を実感しやすいため、優先して取り組んでおいてください。

また、ここでまだ余裕があれば、「ムード・スコアリング」（212ページ）や「感情の物質化」（214ページ）といったトレーニングを組み合わせてみましょう。ただし、これらの技術は難易度が高いので、めんどうならばレベル7まで取り組まなくても構いません。

レベル4　報酬感覚プランニングのフルバージョン

「報酬感覚プランニング即効簡易版」を何も考えずに行えるようになったら、ぜひフルバージョンに移行してください（89ページ）。その際は、「マイクロブレイク」（235ページ）や「タスクブレイク」（236ページ）、「アクティブレスト」（237ページ）などの簡単な休憩法と組み合わせるといいでしょう。

レベル5　「記録」をベースに儀式を続ける

「儀式」の章で取り上げたテクニックは、いずれも一定の効果が出るまでには時間がかかります。短期的なメリットは望まず、最低でも8週間は実践を続けてください。

儀式系テクニックのなかで、効果量が最大なのは「記録」（131ページ）です。「報酬感覚プランニング」でも「MIND」でも何でもいいので、まずは何らかの記録を習慣づけましょう。

苦労せず「記録」が続くようになったら、次は「儀式スタッキング」（142ページ）で良い行動の総量を増やすのがベター。「達成バイアス」（128ページ）や「小さな不快」（135ページ）は、そのアシストとして取り入れてください。

レベル6　ピアプレッシャーを中心に物語を作る

ここからは、調教師を鍛えるフェーズです。前のレベルよりさらに時間のかかるテクニックが多いため、長期戦の構えで取り組む必要があります。

調教師を鍛えるにあたり、一番効果が出やすいのは「ピアプレッシャー」（175ページ）です。まずは、あなたと志を同じくするコミュニティを探して、積極的に参加してみるのがおすすめです。

もし適当なコミュニティが見つからなければ、「指示的セルフトーク」（166ページ）→「VIA SMART」（170ページ）の順番に手をつけてください。「ステレオタイピング」（161ページ）と「ジョブ・チェンジング」（163ページ）はエビデンスの質がやや低いため、予備的なテクニックとして使うのがいいでしょう。

レベル7　感情の切り離しスキルを身につける

第5章「自己を観る」は、本書でもっとも難しいパートです。調教師を感情から切り離す作業は一朝一夕にいかず、その過程では何度も失敗をくり返すでしょう。

が、それだけに「自己を観る」スキルが備わったときの効果は絶大。あなたの集中力を「ヤバい」レベルまで高めたいなら、避けては通れない道です。

感情の切り離しトレーニングをする際は、「ムード・スコアリング」（212ページ）→「感情の物質化」（214ページ）の順番に行ってください。どちらも科学的な信頼性では変わりませんが、「ムード・スコアリング」のほうがやや即効性があります。

もちろん、その際は、同時に「レスト・オブ・ライフ」（227ページ）や「ポジティブリソース法」（229ページ）を組み合わせ、あらかじめ失敗に備えておくのもお忘れなく。

参考文献

序章

1. Ernest O, Boyle Jr. and Herman Aguinis (2012) The Best and the Rest: Revisiting the Norm of Normality of Individual Performance

2. Henry R. Young, David R. Glerum, Wei Wang, and Dana L. Joseph (2018) Who Are the Most Engaged at Work? A Meta-Analysis of Personality and Employee Engagement

3. McKay Moore Sohlberg and Catherine A. Mateer (2001) Cognitive Rehabilitation: An Integrative Neuropsychological Approach

4. Simon M. Laham, Peter Koval, and Adam L. Alter (2011) The Name-Pronunciation Effect: Why People Like Mr. Smith More Than Mr. Colquhoun

5. David E. Kalist and Daniel Y. Lee (2009) First Names and Crime: Does Unpopularity Spell Trouble?

6. Timothy D. Wilson (2004) Strangers to Ourselves: Discovering the Adaptive Unconscious

7. Nelson Cowan (2000) The Magical Number 4 in Short-Term Memory: A Reconsideration of Mental Storage Capacity

第一章

1. Natascia Brondino, Annalisa De Silvestri, Simona Re, Niccolò Lanati, Pia Thiemann, Anna Verna, Enzo Emanuele, and Pierluigi Politi (2013) A Systematic Review and Meta-Analysis of Ginkgo biloba in Neuropsychiatric Disorders: From Ancient Tradition to Modern-Day Medicine
2. Tad T. Brunyé, Caroline R. Mahoney, Harris R. Lieberman, and Holly A. Taylor (2010) Caffeine Modulates Attention Network Function
3. Andreas G. Franke, Patrik Gränsmark, Alexandra Agricola, Kai Schühle, Thilo Rommel, Alexandra Sebastian, Harald E. Balló, Stanislav Gorbulev, Christer Gerdes, Björn Frank, Christian Ruckes, Oliver Tüscher, and Klaus Lieb (2017) Methylphenidate, Modafinil, and Caffeine for Cognitive Enhancement in Chess: A Double-Blind, Randomised Controlled Trial
4. Haley A. Young David Benton (2013) Caffeine Can Decrease Subjective Energy Depending on the Vehicle with Which It Is Consumed and When It Is Measured
5. Francisco G. Vital-Lopez, Sridhar Ramakrishnan, Tracy J. Doty, Thomas J. Balkin, and Jaques Reifman (2018) Caffeine Dosing Strategies to Optimize Alertness During Sleep Loss
6. Chanaka N. Kahathuduwa, Tharaka L. Dassanayake, A. M. Tissa Amarakoon, and Vajira S. Weerasinghe (2016) Acute Effects of Theanine, Caffeine and Theanine–Caffeine Combination on Attention
7. Roy J. Hardman, Greg Kennedy, Helen Macpherson, Andrew B. Scholey, and Andrew Pipingas (2016) Adherence to a Mediterranean-Style Diet and Effects on Cognition in Adults: A Qualitative Evaluation and Systematic Review of Longitudinal and Prospective Trials

8. Jerome Sarris, Alan C. Logan, Tasnime N. Akbaraly, G. Paul Amminger, Vicent Balanzá-Martínez, Marlene P. Freeman, Joseph Hibbeln, Yutaka Matsuoka, David Mischoulon, Tetsuya Mizoue, Akiko Nanri, Daisuke Nishi, Drew Ramsey, Julia J. Rucklidge, Almudena Sanchez-Villegas, Andrew B. Scholey, Kuan-Pin Su, and Felice N. Jacka (2015) Nutritional Medicine as Mainstream in Psychiatry

9. Martha Clare Morris, Christy C. Tangney, Yamin Wang, Frank M. Sacks, David A. Bennett, and Neelum T. Aggarwal (2015) MIND Diet Associated with Reduced Incidence of Alzheimer' s Disease

10. Martha Clare Morris, Christy C. Tangney, Yamin Wang, Frank M. Sacks, Lisa L. Barnes, David A. Bennett, and Neelum T. Aggarwal (2015) MIND Diet Slows Cognitive Decline with Aging

11. Benjamin Harkin, Thomas L. Webb, Betty P. I. Chang, Andrew Prestwich, Mark Conner, Ian Kellar, Yael Benn, and Paschal Sheeran (2016) Does Monitoring Goal Progress Promote Goal Attainment? A Meta-Analysis of the Experimental Evidence

12. Pam A. Mueller and Daniel M. Oppenheimer (2014) The Pen Is Mightier Than the Keyboard: Advantages of Longhand over Laptop Note Taking

13. Steven W. Lichtman, Krystyna Pisarska, Ellen Raynes Berman, Michele Pestone, Hillary Dowling, Esther Offenbacher, Hope Weisel, Stanley Heshka, Dwight E. Matthews, and Steven B. Heymsfield (1992) Discrepancy Between Self-Reported and Actual Caloric Intake and Exercise in Obese Subjects

第2章

1. Allan K. Blunt and Timothy A. Pychyl (2000) Task Aversiveness and Procrastination: A Multi-

Dimensional Approach to Task Aversiveness Across Stages of Personal Projects
2. Judy Xu and Janet Metcalfe (2016) Studying in the Region of Proximal Learning Reduces Mind Wandering
3. Andrew M. Carton, Chad Murphy, and Jonathan R. Clark (2014) A (Blurry) Vision of the Future: How Leader Rhetoric About Ultimate Goals Influences Performance
4. Jooyoung Park, Fang-Chi Lu, and William M. Hedgcock (2017) Relative Effects of Forward and Backward Planning on Goal Pursuit
5. Anton Gollwitzer, Gabriele Oettingen, Teri A. Kirby, Angela Lee Duckworth, and Doris Mayer (2011) Mental Contrasting Facilitates Academic Performance in School Children
Angela Lee Duckworth, Heidi Grant, Benjamin Loew, Gabriele Oettingen, and Peter M. Gollwitzer (2011) Self-Regulation Strategies Improve Self-Discipline in Adolescents: Benefits of Mental Contrasting and Implementation Intentions
6. Heather Barry Kappes and Gabriele Oettingen (2011) Positive Fantasies About Idealized Futures Sap Energy
7. Eric R. Spangenberg, Ioannis Kareklas, Berna Devezer, and David E. Sprott (2016) A Meta-Analytic Synthesis of the Question-Behavior Effect
8. Peter M. Gollwitzer and Paschal Sheeran (2006) Implementation Intentions and Goal Achievement: A Meta-Analysis of Effects and Processes
9. Dominic Conroy and Martin S. Hagger (2018) Imagery Interventions in Health Behavior: A Meta-Analysis

10. Todd Rogers and Katherine L. Milkman (2016) Reminders Through Association

第3章

1. Allen Ding Tian, Juliana Schroeder, Gerald Häubl, Jane L. Risen, Michael I. Norton, and Francesca Gino (2018) Enacting Rituals to Improve Self-Control

2. Eric B. Loucks, Willoughby B. Britton, Chanelle J. Howe, Roee Gutman, Stephen E. Gilman, Judson Brewer, Charles B. Eaton, and Stephen L. Buka (2015) Associations of Dispositional Mindfulness with Obesity and Central Adiposity: The New England Family Study

3. Lysann Damisch, Barbara Stoberock, and Thomas Mussweiler (2010) Keep Your Fingers Crossed! How Superstition Improves Performance

4. Enrique Octavio Flores Gutiérrez and Víctor Andrés Terán Camarena (2015) Music Therapy in Generalized Anxiety Disorder

5. Jonas De keersmaecker, David Dunning, Gordon Pennycook, David G. Rand, Carmen Sanchez, Christian Unkelbach, and Arne Roets (2019) Investigating the Robustness of the Illusory Truth Effect Across Individual Differences in Cognitive Ability, Need for Cognitive Closure, and Cognitive Style

6. Diwas S. KC, Bradley R. Staats, Maryam Kouchaki, and Francesca Gino (2017) Task Selection and Workload: A Focus on Completing Easy Tasks Hurts Long-Term Performance

7. Megan Oaten and Ken Cheng (2007) Improvements in Self-Control from Financial Monitoring

8. Benjamin Harkin, Thomas L. Webb, Betty P. I. Chang, Andrew Prestwich, Mark Conner, Ian Kellar, Yael Benn, and Paschal Sheeran (2016) Does Monitoring Goal Progress Promote Goal Attainment? A Meta-Analysis of the Experimental Evidence
9. Mark Muraven, Roy F. Baumeister, and Dianne M. Tice (1999) Longitudinal Improvement of Self-Regulation Through Practice: Building Self-Control Strength Through Repeated Exercise
10. Jianxin Wang, Yulei Rao, and Daniel E. Houser (2016) An Experimental Analysis of Acquired Impulse Control Among Adult Humans Intolerant to Alcohol
11.McKay Moore Sohlberg , Catherine A. Mateer(2001)Cognitive Rehabilitation: An Integrative Neuropsychological Approach
12.Mel Robbins (2017) The 5 Second Rule: Transform Your Life, Work, and Confidence with Everyday Courage
13.BJ Fogg(2019)Tiny Habits: The Small Changes That Change Everything
14. Navin Kaushal and Ryan E. Rhodes (2015) Exercise Habit Formation in New Gym Members: A Longitudinal Study
15. Phillippa Lally, Cornelia H. M. Van Jaarsveld, Henry W. W. Potts, and Jane Wardle (2009) How Are Habits Formed: Modelling Habit Formation in the Real World

第4章

1. Ap Dijksterhuis and Ad van Knippenberg (1998) The Relation Between Perception and Behavior,

or How to Win a Game of Trivial Pursuit

2. Jochim Hansen and Michaela Wänke (2009) Think of Capable Others and You Can Make It! Self-Efficacy Mediates the Effect of Stereotype Activation on Behavior

3. Cheryl A. Taylor, Charles G. Lord, Rusty B. McIntyre, and René M. Paulson (2011) The Hillary Clinton Effect: When the Same Role Model Inspires or Fails to Inspire Improved Performance Under Stereotype Threat

4. Amy Wrzesniewski, Clark McCauley, Paul Rozin, and Barry Schwartz (1997) Jobs, Careers, and Callings: People・s Relations to Their Work

5. Amy Wrzesniewski, Nicholas LoBuglio, Jane E. Dutton, and Justin M. Berg (2013) Job Crafting and Cultivating Positive Meaning and Identity in Work

6. Antonis Hatzigeorgiadis, Nikos Zourbanos, Evangelos Galanis, and Yiannis Theodorakis (2011) Self-Talk and Sports Performance: A Meta-Analysis

7. Kimberly D. Tanner (2012) Promoting Student Metacognition ※質問内容は作者が1部改変

8. Benjamin L. Butina (2016) An Investigation of the Efficacy of the Using Your Signature Strengths in a New Way to Enhance Strengths Use in Work Settings

9. Boris Groysberg, Ashish Nanda, and Nitin Nohria (2004) The Risky Business of Hiring Stars

10. Bersin by Deloitte (2014) The Corporate Learning Factbook 2014: Benchmarks, Trends, and Analysis of the U.S. Training Market

11.Kobe Desender, Sarah Beums, Eva Van den Bussche(2015)Is mental effort exertion contagious?

第5章

1. Evan C. Carter and Michael E. McCullough (2014) Publication Bias and the Limited Strength Model of Self-Control: Has the Evidence for Ego Depletion Been Overestimated?

2. M. S. Hagger, N. L. D. Chatzisarantis, H. Alberts, C. O. Anggono, C. Batailler, A. R. Birt, R. Brand, M. J. Brandt, G. Brewer, S. Bruyneel, D. P. Calvillo, W. K. Campbell, P. R. Cannon, M. Carlucci, N. P. Carruth, T. Cheung, A. Crowell, D. T. D. De Ridder, S. Dewitte, M. Elson, J. R. Evans, B. A. Fay, B. M. Fennis, A. Finley, Z. Francis, E. Heise, H. Hoemann, Michael Inzlicht, S. L. Koole, L. Koppel, F. Kroese, F. Lange, K. Lau, B. P. Lynch, C. Martijn, H. Merckelbach, N. V. Mills, A. Michirev, A. Miyake, A. E. Mosser, M. Muise, D. Muller, M. Muzi, D. Nalis, R. Nurwanti, H. Otgaar, M. C. Philipp, P. Primoceri, K. Rentzsch, L. Ringos, C. Schlinkert, B. J. Schmeichel, S. F. Schoch, M. Schrama, A. Schütz, A. Stamos, G. Tinghög, J. Ullrich, M. vanDellen, S. Wimbarti, W. Wolff, C. Yusainy, O. Zerhouni, and M. Zwienenberg (2016) A Multilab Preregistered Replication of the Ego-Depletion Effect

3. Xiaomeng Xu, Kathryn E. Demos, Tricia M. Leahey, Chantelle N. Hart, Jennifer Trautvetter, Pamela Coward, Kathryn R. Middleton, and Rena R. Wing (2014) Failure to Replicate Depletion of Self-Control

4. Jacob L. Orquin and Robert Kurzban (2016) A Meta-Analysis of Blood Glucose Effects on Human Decision Making

5. Robert Kurzban (2010) Does the Brain Consume Additional Glucose During Self-Control Tasks?

6. Michael Inzlicht, Brandon J. Schmeichel, and C. Neil Macrae (2014) Why Self-Control Seems (but May Not Be) Limited

7. Matthew A. Sanders, Steve D. Shirk, Chris J. Burgin, and Leonard L. Martin (2012) The Gargle Effect: Rinsing the Mouth with Glucose Enhances Self-Control

8. Gloria Mark, Shamsi Iqbal, Mary Czerwinski, Paul Johns, and Akane Sano (2016) Neurotics Can't Focus: An in situ Study of Online Multitasking in the Workplace

9. Jessica Skorka-Brown, Jackie Andrade, Ben Whalley, and Jon May (2015) Playing Tetris Decreases Drug and Other Cravings in Real World Settings

10. Nicole L. Mead and Vanessa M. Patrick (2016) The Taming of Desire: Unspecific Postponement Reduces Desire for and Consumption of Postponed Temptations

11. エイドリアン・ウェルズ (2012) メタ認知療法 うつと不安の新しいケースフォーミュレーション

12. Frederick G. Lopez and Cathrine A. Wambach (1982) Effects of Paradoxical and Self-Control Directives in Counseling

Gregg Mulry, Raymond Fleming, and Ann C. Gottschalk (1994) Psychological Reactance and Brief Treatment of Academic Procrastination

13. Laura Dabbish, Gloria Mark, and Victor Gonzalez (2011) Why Do I Keep Interrupting Myself?: Environment, Habit and Self-Interruption

14. Erik M. Altmann, J. Gregory Trafton, and David Z. Hambrick (2014) Momentary Interruptions Can Derail the Train of Thought

15. Ravi Mehta and Rui (Juliet) Zhu (2009) Blue or Red? Exploring the Effect of Color on Cognitive

Task Performances
16. Mona Lisa Chanda and Daniel J. Levitin (2013) The Neurochemistry of Music
17. Anneli B. Haake (2011) Individual Music Listening in Workplace Settings: An Exploratory Survey of Offices in the UK
18. Yi-Nuo Shih, Rong-Hwa Huang, and Hsin-Yu Chiang (2012) Background Music: Effects on Attention Performance
19. E. Glenn Schellenberg, Takayuki Nakata, Patrick G. Hunter, and Sachiko Tamoto (2007) Exposure to Music and Cognitive Performance: Tests of Children and Adults

第6章

1. Liad Uziel and Roy F. Baumeister (2017) The Self-Control Irony: Desire for Self-Control Limits Exertion of Self-Control in Demanding Settings
2. Dmitrij Agroskin, Johannes Klackl, and Eva Jonas (2014) The Self-Liking Brain: A VBM Study on the Structural Substrate of Self-Esteem
3. Jia Wei Zhang and Serena Chen (2016) Self-Compassion Promotes Personal Improvement from Regret Experiences via Acceptance
4. Chen Zhang, David M. Mayer, and Eunbit Hwang (2018) More Is Less: Learning but Not Relaxing Buffers Deviance Under Job Stressors
5. Shinya Kajitani, Colin McKenzie, and Kei Sakata (2017) Use It Too Much and Lose It? The Effect

of Working Hours on Cognitive Ability
6. 田中二郎 (2016) アフリカ狩猟採集民ブッシュマンの昔と今—半世紀の記録—
7. Kate E. Lee, Kathryn J. H. Williams, Leisa D. Sargent, Nicholas S. G. Williams, and Katherine A. Johnson (2015) 40-Second Green Roof Views Sustain Attention: The Role of Micro-Breaks in Attention Restoration
8. Magdalena M. H. E. van den Berg, Jolanda Maas, Rianne Muller, Anoek Braun, Wendy Kaandorp, René van Lien, Mireille N. M. van Poppel, Willem van Mechelen, and Agnes E. van den Berg (2015) Autonomic Nervous System Responses to Viewing Green and Built Settings: Differentiating Between Sympathetic and Parasympathetic Activity
9. Kazuya Suwabe, Kyeongho Byun, Kazuki Hyodo, Zachariah M. Reagh, Jared M. Roberts, Akira Matsushita, Kousaku Saotome, Genta Ochi, Takemune Fukuie, Kenji Suzuki, Yoshiyuki Sankai, Michael A. Yassa, and Hideaki Soya (2018) Rapid Stimulation of Human Dentate Gyrus Function with Acute Mild Exercise
10. Fabien Dal Maso, Bennet Desormeau, Marie-Hélène Boudrias, and Marc Roig (2018) Acute Cardiovascular Exercise Promotes Functional Changes in Cortico-Motor Networks During the Early Stages of Motor Memory Consolidation
11. Bud Winter and Jimson Lee (2012) Relax and Win: Championship Performance in Whatever You Do

Profile
鈴木 祐（すずき・ゆう）

新進気鋭のサイエンスライター。1976年生まれ、慶應義塾大学SFC卒業後、出版社勤務を経て独立。10万本の科学論文の読破と600人を超える海外の学者や専門医へのインタビューを重ねながら、現在はヘルスケアをテーマとした書籍や雑誌の執筆を手がける。近年では、自身のブログ「パレオな男」で心理、健康、科学に関する最新の知見を紹介し続け、3年で月間100万PVを達成。また、ヘルスケア企業などを中心に、科学的なエビデンスの見分け方などを伝える講演なども行っている。『最高の体調』（クロスメディア・パブリッシング）、『超ストレス解消法』（鉄人社）、『パレオダイエットの教科書』（扶桑社）など。

ヤバい集中力

1日ブッ通しでアタマが冴えわたる神ライフハック45

2019年 9 月26日 初版第1刷発行
2019年11月10日 初版第6刷発行

著　者	鈴木 祐
発行者	小川 淳
発行所	SBクリエイティブ株式会社 〒106-0032 東京都港区六本木2-4-5 電話：03-5549-1201（営業部）
ブックデザイン	金澤 浩二
DTP／図版制作	荒木 香樹
カバーイラスト	牛木 匡憲
編集担当	長谷川 諒
印刷・製本	中央精版印刷株式会社

本書をお読みになったご意見・ご感想を下記URL、QRコードよりお寄せください。

☞ **https://isbn.sbcr.jp/99967/**

　ISBN978-4-7973-9996-7